부모가 먼저 배우는
유대인식 자녀교육법

JUDEA SHIKI WHY SHIKOHO
All Rights Reserved.
Copyright ⓒ2015 Kanji Ishizumi
Original Japanese edition published by JMA Management Center Inc.
Korean translation rights arranged with JMA Management Center Inc.
through Timo Associates Inc., Japan and PLS Agency, Korea
Korean edition published in 2017 MONEY PLUS(Pullm)

이 책의 한국어판 저작권은 PLS와 Timo Associates를 통한
저작권자와의 독점 계약으로 머니플러스(푸르름)에 있습니다.
신저작권법에 의해 한국어판의 저작권 보호를 받는 서적이므로
무단 전재와 복제를 금합니다.

부모가 먼저 배우는 유대인식 자녀교육법

초판 1쇄 인쇄 · 2017년 12월 08일
초판 1쇄 발행 · 2017년 12월 15일

지은이 · 이시즈미 간지
옮긴이 · 권혜미
펴낸이 · 김미용
펴낸곳 · 도서출판 푸르름
편 집 · 이운영, 전형수
디자인 · 정은진
마케팅 · 김미룡, 문제훈
관 리 · 배현정

주 소 · 경기도 고양시 일산동구 호수로 358-25 동문타워 2차 917호
전 화 · 02-352-3272
팩 스 · 031-908-3273
이메일 · pullm63@empal.com
등록번호 · 제 8-246호

잘못된 책은 구입하신 서점에서 교환해 드립니다.
ISBN 978-89-88388-83-9 (03370)

> 「이 도서의 국립중앙도서관 출판예정도서목록(CIP)은 서지정보유통지원시스템 홈페이지
> (http://seoji.nl.go.kr)와 국가자료공동목록시스템(http://www.nl.go.kr/kolisnet)에서 이용하
> 실 수 있습니다.(CIP제어번호: CIP2017029059)」

부모가 먼저 배우는

유대인식 자녀교육법

들어가며

뛰어난 사고력을 가진 유대인을 배우자

우리 동양인과 유대인을 비교하자면 전자는 정서적, 현상적, 구체적, 세부적, 부분적이고 후자는 논리적, 본질적, 추상적, 전체적, 총체적이다.

비유하자면 동양인은 '형체의 민족'이고, 유대인은 '사고의 민족'이다. 즉 동양인은 '눈에 보이는 것에 정서적으로 움직이는 사람들'이고, 유대인은 '눈에 보이지 않는 본질을 추상적으로 추구하는 사람들'이다.

그렇기 때문에 우리의 입장에서 보면 유대인들은 이치만 따지는 사람들처럼 여겨진다. 그러나 금융업계외 증권업계, 할리우드는 물론이고 최근 IT업계까지 세계적으로 유명한 기업 창업자 절반 이상이 유대인이다.

구글 공동 설립자인 래리 페이지와 세르게이 브린, 페이스북 창업자 마크 저커버그, 델 컴퓨터 설립자 마이클 델, 마이크로소프트 최고경영자 스티브 발머, 인텔 명예회장 앤디 그로브 등 유대인 창업자는 수없이 많다. 또한 노벨상 수상자의 30~40퍼센트는 유대인이 차지한다.

왜 유대인은 뛰어난 지적 생산능력을 자랑할까.

유대인과 한 번만 식사를 같이 해 보면 그 이유의 일면이 보인다.

나의 본업은 유럽을 본거지로 한 국제변호사이고, 과거 유대교로 개종하며 유대인이 되었다. 현재는 유럽에 살고 있다. 유대인으로서 매일-토요일도 일요일도-아침, 점심, 저녁 기도를 하고, 유대인의 예배당인 시나고그에 가서 성서 공부를 한다. 그렇기 때문에 유대인과 식사를 할 기회가 많다. 내가 사는 스웨덴에서 미국과 유럽 각지로 출장 갈 때에도 현지 시나고그에 가서 그곳에 머무는 유대인들과 식사를 한다.

유대교에는 코셔라고 불리는 엄격한 식사법이 있다. 율법에 의거한 합당한 음식만 먹을 수 있어서 유대인들은 대부분 외식을 하지 않는다. 종교가 다른 사람들과 한 식탁에 둘러앉아도 먹는 음식이 전혀 달라서 그다지 즐거운 식사자리가 되지 못한다. 그래서 유대인들은 자연스럽게 자기 민족들끼리 식탁에 둘러앉아 식사를 한다.

유대인들이 모이면 돌연 토론이 시작된다. 유대인들은 토론과 논쟁을 좋아하기 때문에 흥분해서 싸움을 하고 있는 것처럼 보일지도 모른다. 격렬한 토론과 논쟁 후에도 우정을 쌓으며 계속해서 식사를 하는 모습도, 우리에게는 분명 이해가 되지 않는 부분이다. 유대인에게 의견 차이는 당연한 일이다. 유대인들은 이론과 반론을 대환영한다. 토론은 일종의 예술이고, 토론과 논쟁은 대뇌를 단련시켜 두뇌를 좋게 만드는 'Wisdom(지식)'의 원천이라고 생각한다. 유대교의 본질을 한마디로 정의하면 'debating'(토론)이다.

예를 들어 유대인들은 식사할 때 이런 토론을 벌인다.

"신은 전지전능하다. 그러나 신은 자신이 들지 못할 정도로 큰 바위를 만들었다. 따라서 신은 전지전능하지 않다."

이 삼단논법이 왜 맞지 않는지를 진지하게 토론한다.

토론은 대부분 〈구약성서〉와 〈탈무드〉에 관한 내용으로 이루어진다. 〈구약성서〉(〈구약성서〉라고도 말한다.)는 잘 알려진 대로 유대교의 경전으로 약 3,000년 전에 쓰였음에도 지금까지 세계 베스트셀러 1위 자리를 놓치지 않는다.

〈탈무드〉는 주로 바빌로니아(지금의 이라크 바그다드)에서 전해내려 오는 구전 율법과 히브리 학자들의 토론을 집대성한 책으로, 일상생활의 여러 가지 규범과 그것에 관한 토론 내용이 자세히 적혀 있다. 약 1,500년 전에 지금의 모습으로 완성되었다고 한다. 성실한 유대인은 〈구약성서〉와 〈탈무드〉를 매일같이 공부하고 있으며, 어디에 어떤 내용이 쓰여 있는지를 대부분 기억한다. 그런 까닭에 점심 식사를 위해 모인 장소에서는 이런 토론이 시작된다.

"〈탈무드〉에 나오는 이 이야기에 나는 찬성이야."

'왜?'

〈구약성서〉와 〈탈무드〉 지식을 전제로 토론이 진행되기 때문에 성서와 〈탈무드〉에 지식이 없는 사람은 전혀 토론에 참여할 수가 없다. 그렇지 않아도 유대인들은 상대방의 의견에 논리적으로 반론하고, 자신의 생각을 상대방에게 이해시키는 논리게임을 좋아한다.

논리적인 이야기를 싫어하고 "이 새우튀김은 정말 맛있어."라든가 프로야구나 예능 기사에 열을 올리는 사람들의 입장에서 보면 유대인들과 벌이는 토론이 두려울지도 모른다.

이제 유대인들의 지적 생산능력이 왜 그렇게 뛰어난지 알았을 것이다. 그 이유는 유대인이 '토론하고 사고하는 민족'이기 때문이다. 더욱 더 자세하게 말하면 '왜?'('WHY 그럼 어떻게!)'를 철저하게 생각하는 민족이기 때문이다.

두뇌는 근본적인 문제에 대해서 토론을 벌이고 있을 때 가장 많이 움직인다. 감동하고 있을 때도, 화내고 있을 때도 아니다. 또한 멍하니 있을 때도, TV를 보고 있을 때도 아니다. 강의나 강연을 듣고 있을 때도 아니다. 암기하고 있을 때도 아니다.

전 세계적으로 유대인이 뛰어난 사고력을 자랑하는 이유는, 바로 세계에서 가장 토론을 좋아하는 민족이기 때문이다. 세계 일류대학인 옥스퍼드 대학과 케임브리지 대학에서는 튜터링(tutoring) 수업 방식을 시행하고 있다. 튜터링이란 교실에서 교사와 학생 한두 명이 한 시간 반 동안 토론을 벌이는 사고력 수업이다.

즉 사고력은 토론 훈련으로 단련된다고 할 수 있다. 토론 훈련을 많이 할수록 사고력은 높아진다. 사고력을 높이고 싶으면 유대인처럼 토론을 하면 된다. 그럼 여기서 '토론은 어떻게 해야 할까?', '토론을 나눌 대상이 없다.'고 생각할지도 모른다. 옥스퍼드 대학, 케임브리지 대학과 우리나라 차이점은 토론의 대상을 찾기 어렵다는 점이다.

이 책에서는 우리가 혼자서라도 토론 훈련을 할 수 있는 방법을 가르쳐준다. 어렸을 때부터 유대인들이 반드시 읽는 〈탈무드〉를 기초로, 그들이 일상생활에서 벌이는 토론의 일부분을 보여준다. 이 책을 읽으면서 유대인식 사고의 '생각하는 훈련'을 경험하고, 매일 일상에서 사고 훈련을 실천해 보았으면 한다.

유대인 사고의 샘플 - 유대인은 4차원으로 생각한다.

> 토론 샘플 A

유괴와 살인이 빈번한 아편 거래 위험지대에 두 사람이 잠입했다가 아편 마피아에게 붙잡혀 살해되었다. 살해된 사람 중 한 사람은 아편 사업을 하는 독신 사업가였고, 다른 한 사람은 아편으로 고통 받는 아이들을 취재하기 위해 현지에 잠입한 유명 저널리스트로, 아내와 두 자녀가 있었다. 매스컴의 동정 보도는 후자에게 압도적으로 집중했다. 그러나 신의 생각은 매스컴과 정반대였다. 신의 엄중한 심문이 저널리스트 영혼을 기다리고 있었다. 그 이유는 무엇일까?

토론을 벌이지 않는 나라는 쇠퇴한다. 토론을 벌이지 않는 나라에서 혁신은 일어나지 않는다. 토론을 하지 않는 나라는 진보하지 않는다.

내가 이 책에서 말하는 토론이란 흔히 TV방송에서 다루는 토론이 아니다. TV나 공식석상에서는 대체로 다루기 꺼리는 문제에 대해서만 토론을 벌인다.

토론이란 분위기에 좌우되지 않는 것이다. 토론이란 분위기를 깨트리는 것이다.

국민 전체가 분위기에 흔들리면 개인, 사회, 조직, 더 나아가 국가까지 서서히 전략적 결함에 빠질 위험성이 높아진다.

토론 샘플 B

"한국의 외화준비액은 세계 최고이며, 그 양은 432조 원에 달한다. 따라서 한국은 재정파탄이 나지 않는다."

이 논법은 정당할까? 이 토론에서 한국은 파탄날지도 모른다고 생각한다. 그 이유는 외화준비고의 국가별 금 점유율, 즉 세계의 금 보유량을 보면 알 수 있다.

각국의 외화준비액 중 금 보유 비율은 1.4%로 그 비율은 매우 낮은 것으로 밝혀졌다. 반면 미국, 독일, 이탈리아, 프랑스, 네덜란드, 포르투갈, 베네수엘라, 오스트리아, 벨기에, 영국 등은 현저히 많은 금을 보유하고 있다. 또한 정확한 자료는 알 수 없지만 중국과 러시아는 금을 대량으로 보유하고 있다고 알려져 있다. 그렇다면 우리는 무엇을 생각할 수 있을까.

'한국은 재정파탄이 나지 않는다, 외화준비액이 세계 7위이다.'라고 말할 수도 있다. 그러나 다른 나라와 비교하지 않고 우리에게 유리한 숫자만을 내세우면서 그 분위기를 거짓으로 만드는 경우가 많다.

금은 모든 경제적 가치의 원천이고 나아가서는 국가 존립의 원천이다. 따라서 금이 없는 외화준비는 아무 설득력 없는 이야기가 아닐까. 이런 반론을 펼칠 수 있어야 한다.

유대인의 토론을 또 하나 소개하겠다.

토론 샘플 C

"국가와 개인이 부를 축적하기 위해서는 지폐와 주식이 필요할까, 아니면 금은 보석이 필요할까?"

유대인은 토론을 벌일 때 분위기에 흔들리지 않는다. 현재의 풍조에 흔들리지 않고 몇 천 년이나 되는 역사를 되짚어 보면서 무엇이 가장 좋은 방법인지 역사 속에서 답을 구하려 한다. 유대인은 분위기에 흔들리지 않고 역사적 사실, 경제적 사실, 통계적 사실 등 모든 사실을 찾아본 후 판단한다.

한편 대부분 우리나라 사람들은 '평론가가 말했으니까.', 'TV에서 말했으니까.', '잡지에 쓰여 있으니까.', '신문에 이렇게 쓰여 있으니까.'라며 항상 현재(또는 몇 개월)의 분위기에 좌우되어 사물을 판단한다. 이러한 예는 무수히 많다. 그 단적인 예가 비과세저축이다. 비과세저축이란 이자소득에 전혀 세금을 물리지 않는 금융상품으로, 많은 국민들이 이 제도에 열광한 적이 있다. 그리고 현재도 주가가 오르기 시작하면서 사람들이 주식투자에 열광한다.

유대인의 경우, 이와 같은 분위기에 흔들리지 않는다. 몇 천 년 역사를 되짚어 가며 스스로 답을 찾기 위해 노력한다. 4차원적인 사고란, 몇 천 년이라는 역사를 되짚어 보고 그 역사에 기초해 현재를 판단하는 능력을 말한다. 이러한 4차원적인 사고란 어떤 의미에서는 신의 관점에서 생각한다는 뜻도 된다.

이 책을 읽으면서 4차원적인 사고를 이해할 수 있을 것이다. 지금 우리에게 직면한 문제도 스스로 생각하고 답을 찾을 수 있게 된다. 그러면 우리는 사회를 억누르고 있는 문제 속에서도 자신을 확실히 지킬 수 있다. 유대인이 과학적 혁신을 일으키고 어려운 상황 속에서도 많은 재산을 유지할 수 있었던 비결은, 근본적인 문제를 4천 년 동안 쌓아올린 역사적 시점으로 토론했기 때문이다.

자신과 의견이 다르다고 토론을 피해서는 안 된다. 문제의 근본을 생각하고, 토론을 벌이는 것 외에는 자신을 지킬 방법이 없다. 우리는 개인도 사회도 국가까지도 '자기중심적이다.', '이기주의다.', '협조가 부족하다.', '괴짜다.', '독특하고 이례적이다.'라는 말을 들어야만 한다.

이 책이 이런 말을 듣기까지 도움이 되었으면 한다.

차례

들어가며 _뛰어난 사고력을 가진 유대인을 배우자

프롤로그 _모든 것은 '의문'으로부터 출발한다

PART 1 준비편 *Preparation*
_사고 정지 상태에서 탈피한다

Class 1   비판적 사고를 위한 기본
　　　　　　세상의 모든 것을 토론의 대상으로 삼자

Exercise 1   물이 투명한 이유가 뭘까? _23
Exercise 2   손과 발, 눈과 입 이중에서 가장 중요한 부분은 어디일까? _29
Exercise 3   모세도 야훼 신에게 반론을 던졌다 _38
Exercise 4   토론으로 신에게 맞선 드보라의 도전 _44

Class 2	사물을 깊이 생각하기 위한 기본 논점을 충분히 꿰뚫자

Exercise 5　　파리를 주제로 어떤 토론을 벌였을까?　_53
Exercise 6　　「구약성서」'창세기' 태초의 이야기에도
　　　　　　　 의문이 있다　_63
Exercise 7　　과연 누가 나쁜 사람일까?　_76

Class 3	침착하고 깊은 사고를 지니기 위한 기본 사고의 틀을 깨뜨리자

Exercise 8　　차례는 왜 순서대로 나와 있는 걸까　_83
Exercise 9　　유월절을 맞이할 수 있을까　_89
Exercise 10　 바다를 건넌 모세, 과연 이 기적을 믿는가?　_96

PART 2

문제 해결편 *Troubleshooting*
_싸우는 힘, 살아남는 힘을 배우자

Class 4	문제를 떠올리는 힘의 기본

감정에 흔들리지 말고 냉정하게 떠올리자

Exercise 11   과연 어떻게 해야 정당한 걸까? _107
Exercise 12   둥지를 떠난 새끼 새를 잡아도 될까? _112
Exercise 13   포도밭에서 나우는 어떤 선택을 할까? _118
Exercise 14   인공 유산의 규율로 낙태를 인정해야 할까? _124

Class 5	자기입장을 명확히 하는 생각의 기본

모든 것을 얻겠다는 생각을 버리자

Exercise 15   유대인은 미팅에서 커피를 사주면서 뭐라고 할까? _131
Exercise 16   나폴레옹이 포상을 내리자 청어 두 마리만 달라던 유대인 _133

Exercise 17   마법의 석류 _138

| Class 6 | 본질적 가치에 접근하는 기본
                '의문'으로 다가가자

Exercise 18   기술혁신의 보편성 찾기 _149
Exercise 19   빛의 세계와 어둠의 세계의 구분은? _158
Exercise 20   노아의 방주의 진실 _163

PART 3 혁신적 사고편 *Innovative thinking*
_미래를 창조하는 힘을 키우자

| Class 7 | 발상전환을 위한 기본
                다른 차원으로 사물을 보자

Exercise 21   왜 사과는 땅으로 떨어졌을까 _173
Exercise 22   송아지와 족제비 중 어떤 동물을 먼저 구할까? _178

Exercise 23   안식일을 지킬까? 직장을 다닐까? _185
Exercise 24   굴뚝을 들어온 두 명의 도둑 중 누가 세수를 했을까? _192
Exercise 25   병사는 어떻게 여권을 구했나? _199
Exercise 26   궁지에 몰린 유대인의 묘책 _205

Class 8   인간의 본질을 파악하는 기본
           원하는 미래를 그려보고 실현하자

Exercise 27   루브르 박물관의 '모나리자' 노난 _211
Exercise 28   당당한 유대인의 조건 _216
Exercise 29   유대교 걸인과 기독교 걸인의 구걸 _223

Class 9   철학의 배경을 파악하는 기본
           가치관을 확고히 할 필요가 있다

Exercise 30   고래잡이를 허용하는 국가의 반론 _231
Exercise 31   고대 유대인의 이혼은 어떻게 성립됐나? _237

Exercise 32　소와 당나귀 (1) _241

Exercise 33　소와 당나귀 (2) _247

Exercise 34　성스러운 송아지는 어느 쪽일까? _253

마치며 _우리는 왜 아이폰을 만들지 못했을까

옮긴이의 말 _토론과 끈기의 차이

프롤로그

모든 것은 '의문'으로부터 출발한다

* 우리에게는 무엇이 부족한 걸까

초끈이론 권위자로 알려진 일본의 미치오 가쿠라는 물리학자가 있다. 미치오 가쿠는 일본계 미국인으로 고등학생 때부터 천재라고 불릴 만큼 유명했다. 태어날 때부터 캘리포니아 주 〈구약성서〉 주일학교에 다녔고, 성서의 이야기를 듣는 것을 좋아했다고 한다. 무엇이 미치오 가쿠를 천재 물리학자로 이끌었나.

그가 여섯 살 무렵 주일학교 교사님에게 물어본 질문에서 그 이유를 엿볼 수 있다.

어린 가쿠 : 신의 엄마는 누구예요?

교사 : 신에게 엄마는 없지 않을까.

어린 가쿠 : 그럼, 신은 도대체 어떻게 태어난 걸까요?

이런 질문을 생각했다는 것이 매우 중요하다. 질문 자체가 모든 사고의 시작이기 때문이다. 과연 여섯 살짜리 꼬마는 이런 질문을 어떻게 생각할 수 있을까?

유대교의 핵심(가장 중요시되는 가르침)은 '질문'이다. 유대인은 질문하는 사람, 한국 사람은 질문을 하지 않는 사람이라고 해도 과언이 아니다. 교사가 칠판에 쓴 내용을 그대로 공책에 필기하고, 교과서에 나온 내용을 통째로 암기하는 방법이 '좋은 공부법'이라고 아는 우리나라 학생들도 많이 있다.

"신이 이 세상을 창조했다."

이렇게 교사가 말하면,

"아, 그렇구나."

그대로 받아들이기 때문이다.

어린 가쿠처럼 교사의 가르침이나 성서의 이야기를 그대로 받아들이지 않고 '왜 그럴까?' 하고 의문을 던져볼 수는 없을까.

이런 것들이 우리에게 부족한 부분이고, 반드시 키워야 할 사고이다.

또한 어린 가쿠는 주일학교의 〈구약성서〉 공부 시간에 교사의 말을 듣고 충격에 휩싸인 적이 있었다고 한다.

"신은 지구를 너무나 사랑한 나머지 태양과 떨어진 곳에 지구를 만드셨대."

신이 지구를 창조할 때, 지구를 태양에서 조금 떨어진 곳에 놓았기 때문에 지구에 생명이 탄생할 수 있었다는 이야기였다. 만약 지구가 태양에서 조금만 멀리 떨어졌더라면 바다는 얼어버렸을 것이다. 아마 지구는 화성처럼 얼어붙은 행성이 되었을 것이다. 혹은 지구가 태양과 조금이라도 가까이 있었더라면 바다는 증발해서 없어졌을 테고, 금성처럼 뜨거운 행성이 되었을 것이다.

태양과의 거리가 가까워도, 멀어도 생명은 태어날 수 없다. 어린 가쿠는 이 사실에 흥분하지 않을 수 없었다. 태양과 지구의 절묘한 위치 관계는 단순히 우연이었을까, 아니면 누군가가 필연적으로 그렇게 만든 것일까, 만약 필연이라면 지구를 여기에 놓은 사람은 누구일까. 어린 가쿠는 이런 의문을 끊임없이 떠올렸다고 한다.

이런 의문이 어린 가쿠를 우주물리학자로 이끌었고, 후에 천재 물리학자가 된 배경이 되었다.

* 의문을 막으면 사고가 멈춘다

'왜?'라는 의문이 모든 사고의 발화점이다.

진화론에서는 인간의 조상이 원숭이라고 말한다. 그러나 "원숭이는 왜 펭귄으로 진화하지 않고 사람으로 진화한 거지?"

이런 의문을 품어볼 수도 있지 않을까. 유전자가 조금만 돌연변이를 일으켰다면 원숭이는 펭귄이 되었을지도 모른다. 아니면 "왜 원숭이는 바퀴벌레로 진화하지 않았을까?"라는 의문을 품을 수도 있다. 유전자가 조금씩 퇴화할 가능성도 생각할 수 있고, 그랬다면 원숭이는 사람이 아닌 다른 동물이나 곤충으로 진화했을지도 모른다.

그러나 실제로 이런 일은 일어나지 않았다. 원숭이는 사람으로 진화했지, 펭귄이나 바퀴벌레가 되지 않았기 때문이다. 진화론은 생각해 보면 매우 흥미로운 일이다. 원숭이가 사람으로 진화한 것은 우연일까 필연일까. 만약 필연이라면 어떤 이유에서일까?

한국의 아이들이 이런 의문을 품는다면 훗날 훌륭한 생물학자가 나올지 모른다. 유감이지만 국내의 학교와 가정에도 문제가 많다고 생각한다. 아이들의 의문을 끄집어내는 환경이 되지 못하기 때문이다. 예를 들어,

"신의 엄마는 누구일까?"

"왜 원숭이는 펭귄으로 진화하지 않았을까?"

하고 아이들이 묻는다면, 국내의 교사와 부모는 어떤 반응을 보일까.

아마 '이상한 질문'을 한다며 진지하게 대답하지 않는 경우가 많을 것이다. 아이가 끈질기게 질문한다면 교사는 그 아이에게 수업을 방해한다며 '문제아' 낙인을 찍을지도 모른다. 자라나는 아이들의 호기심을 막으려고

하지 말자. 의문을 막으면 사고도 정지하기 때문이다.

아이들의 순진하고 엉뚱한 질문에도.

"참 재미있는 질문이네."

라며 귀를 기울이고 아이들과 같이 생각해 보자. 모든 일에도 의문을 품고 사고력을 키워주기 위해서는 어렸을 때의 교육환경이 매우 중요하다. 유대인 가정에서는 어린 가쿠와 주일학교 교사가 질문을 주고받는 모습을 매우 자연스러운 풍경이다.

유대인 부모는 자녀가 어렸을 때부터 〈구약성서〉와 〈탈무드〉에 나오는 설화를 반복해서 들려준다. 그리고 설화에 등장하는 인물과 동물들의 행동에 대해서 어떻게 생각하는지 자녀에게 묻는다. 자녀가 대답하면 왜 그렇게 생각하는지 부모는 또다시 질문한다. 그러면 아이는 스스로 대답을 찾아내려고 열심히 생각을 한다.

아이들의 사고력은 부모와 토론을 통해서 자라나기 때문이다. 모든 것에 의문을 품고, 질문하는 것. 우리는 우선 이것부터 시작해야 한다. 어렸을 때의 환경이 중요하다고 말했는데, 그럼 이미 어른이 된 사람은 늦어버린 것일까.

절대 그렇지 않다. 사고력은 언제라도 키워진다. 중요한 것은 어쨌든 두뇌를 써야 한다는 것이다. 아무리 사소한 의문이라도 좋다. 의문을 품지 않으면 사고는 정지한다. 유대인은 어렸을 때부터 자유로운 사고와 인생의 지혜를 배우기 위해 교과서처럼 〈탈무드〉를 읽는다. 이제부터는 〈탈무드〉를 통해, 사고를 다잡을 수 있는 유대인식 자녀사고법을 소개하겠다.

PART 1
사고 정지 상태에서 탈피한다

준비편

CLASS 1
비판적 사고를 위한 기본

세상의 모든 것을

토론의 대상으로 삼자

물이 투명한 이유가 뭘까?

식사 중에, 어린 자녀가 컵 속에 담긴 물을 보고,
"물은 왜 투명해?"
라고 물었다. 만약 당신이 부모라면 뭐라고 대답할 것인가?

💡 토론을 피하려고만 드는 것인지도 모른다

"하늘은 왜 파란색이야?"
"새는 어떻게 하늘을 날아?"
"달은 왜 밝아?"
"아저씨들은 왜 수염이 있어?"

아이들은 호기심이 왕성하다. 눈에 보이는 모든 사물에 흥미를 갖고 '왜?', '어째서?' 라는 질문을 한다. 어른들에게는 아무것도 아닌 일이나 당연해서 의문조차 생기지 않은 일, 또는 상대방이 난처해할까 봐 묻지 않는 일에까지 아이들은 태연하게 질문한다.

이런 아이들의 태연한 질문에 말문이 막힌 적도 많이 있을 것이다.

그럼 〈Exercise 1〉의 질문으로 돌아가 보자.

'물은 왜 투명해?'라는 질문에 우리는 뭐라고 대답할 수 있을까.

① "식사 중에는 쓸데없는 질문을 하는 게 아니야. 떠들지 말고 빨리 밥이나 먹어."라며 식사 중에는 떠들지 않는다고 주의를 준다.
② "물이니 당연히 투명하지."라며 물이란 그런 것이라고 말한다.
③ "너는 왜 투명할 거라고 생각해."라고 다시 질문하며 자녀와 함께 생각해 본다.

위와 같이 예상되는 대답은 세 가지이다.

여기서 ①과 ②를 고른 사람은 주의해야 한다. 사고가 정지 상태에 빠질 위험이 크기 때문이다.

상식적이라는 편견에 빠져 있지는 않은가

우리는 굳이 깊이 사고하지 않아도 일상생활에는 전혀 지장이 없다. 상식이나 당연하다고 여겨지는 일, 사회 통념에는 일일이 의문을 품지 않아도 별다른 어려움 없이 일이 잘 해결되기 때문이다. 오히려 '왜?'라고 생각하는 순간, 주변사람들과 조화가 깨지고 다툼이 발생하기 시작한다. '왜?'라고 질문하면,

"정말 피곤한 사람이야."

"어른이 돼서 분위기도 파악 못 하나."

라며 눈총받기만 할 뿐이다.

"물은 왜 투명해?"

이 질문도 상식적인 질문이다. 물은 당연히 투명하다. 이상 끝. 이것이 대부분의 '분별력 있는' 어른들의 대답이다.

아이가 "물은 왜 투명해?"라고 질문할 때, 제대로 설명할 수 있는 사람이 얼마나 될까. 물이 투명한 이유를 깊이 생각하고 친절하게 대답해 줄 사람은 거의 없지 않을까. 대답할 수 없는 질문이기 때문에 '식사할 때에는 쓸데없는 말을 하는 게 아니야.' 하고 식사예절을 질책하거나 '물이니까 당연히 투명하지.'라며 토론을 차단해 버린다. 이러한 태도는 모두 사고 정지 상태에서 비롯된 행동이다.

💡 사고를 멈추게 하여 일어나는 비극

때로는 사고 정지 상태가 돌이킬 수 없는 사태를 일으키기도 한다.

그 하나의 예가 2003년에 일어난 우주왕복선 컬럼비아호의 공중폭발 사고다. 컬럼비아호가 대기권으로 재진입할 때 기체가 폭발하면서 우주비행사 7명 전원이 목숨을 잃었다. 이 사건은 사고의 멈춤 즉 정지에서 초래된 비극이라고 할 수 있다.

컬럼비아호 사고는 왜 일어났을까.

당시 나사(NASA) 지상 팀의 사고대응을 자세히 조사한 연구결과가 『창업국가 : 21세기 이스라엘 경제 성장의 비밀』(원제『START-UP NATION : THE STORY OF ISRAEL'S ECONOMIC MIRACLE』

Singer, Saul / Senor, Dan 지음)에 소개되었다.

　이스라엘 경제 성장 노하우와 비밀을 다룬 이 책은, 미국 베스트셀러 자리에 오르기도 했다. 이 책에 따르면, 컬럼비아호 사고는 토론을 경시한 현장 분위기에 원인이 있다고 한다. 물론 사고의 직접적인 원인은 이륙 시 기체에서 떨어져 나온 발포 전열체로, 우주왕복선 왼쪽 날개에 구멍이 생긴 것도 밝혀졌다.

　그러나 여기서 한 가지 의문이 생긴다. 컬럼비아호는 이륙하고 2주 후에 다시 대기권으로 진입했다. 즉 기체 폭발 사고가 발생하기까지 2주의 시간이 있었다는 뜻이다.

　그 2주 동안에 사고를 막기 위한 대책을 강구할 수는 없었을까. 실제로 이때, 나사 내부에는 대참사의 위험성을 감지한 엔지니어가 있었다고 힌디.

　그는 우주왕복선에 생긴 문제를 확인하고 수리해야 한다고 말했지만, 상부에서는 엔지니어의 말을 기각해 버렸다. 과거에 쏘아올린 우주왕복선에서도 발포체가 새어나와 기체에 손상을 준 적이 있었지만 사고로 이어지지 않았다는 게 이유였다.

　경험으로 봐서 이번 문제도 대수롭지 않은 일이다, 정기적으로 기체를 정비하면 된다, 그러니까 이상의 토론은 필요 없다고 결론을 내렸다고 한다. 위험성을 감지한 엔지니어의 발언은 그 자리에서 무시되었고, 토론으로 발전되지 않았다. 이렇게 토론을 무시한 태도가 결과적으로 최악의 사태를 초래했다.

사고의 멈춤 상태에서 벗어나는 유일한 방법이란

컬럼비아호 참사와 대조되는 것이 아폴로 13호의 생환이다.

1970년 아폴로 13호가 발사된 지 이틀 후, 기체의 산소통이 폭발하는 사고가 일어났다. 아폴로 13호의 지구 귀환이 어려워지자 나사 팀은 임기응변으로 대응했고, 결과적으로 비행사 전원을 무사히 귀환시키는 성공을 거두었다. 컬럼비아호와 아폴로 13호의 차이는 어디에 있을까. 『창업국가』에서는 다음과 같이 지적한다.

우선 아폴로 13호의 경우는 팀 안의 모든 사람들이 자유롭게 의견을 나눌 수 있는 환경이 조성되었다. 비행 총책임자 진 크랜즈는 아폴로 13호를 쏘아 올리기 몇 개월 전부터 나사 내부뿐만 아니라 외부의 도급 기업과도 교섭하며 의사소통이 최대한으로 이루어질 수 있도록 실천적 훈련을 벌였다. 그리고 평소에도 모든 일에 반드시 토론하는 습관을 장려했다고 한다. 직위에 관계없이 자유롭게 의견을 말하고, 서로의 의견에 귀를 기울이는 환경을 만든 것이다. 이러한 환경 덕분에 긴박한 상황 속에서도, 어떤 사소한 것(이미 알고 있는 사실)이라도, 토론을 벌이며 새로운 지혜를 강구할 수 있었다. 모두가 절체절명의 위기라고 생각했던 아폴로 13호를 구한 것은 어떤 상황에서도 토론을 벌이려고 노력한 자세였다.

경직시키고 정체시킨다는 것을 누구나 피부로 느끼고 있을 것이다. 자신에게 일어나는 모든 일, 특히 사회적으로 대립되는 문제에 대해 토론을 벌이는 자세가 사고 정지 상태에서 벗어나는 유일한 방법이다. 유대인식 사고법을 배우는 첫걸음으로 우선 토론부터 시작해 보자. 특히 세상과 사회, 회사 내부나 동료들 사이에 화제로 떠오르는 일, 즉 예를 들면 이런 주제이다.

'포경은 허용해야 하는가.'
'자기 딸을 성적으로 학대하는 아버지를 어떻게 처벌할 것인가.'
'이슬람교는 평화의 종교인가.'
'IS의 잔혹성과 옛날 일본군의 잔혹성은 어떻게 다를까.'
'원자력 폭탄 투하와 도쿄 대공습은 무차별 대량학살로 IS보다 비인륜적인 행위일까.'

처음부터 이러한 주제로 공식 석상에서 토론을 벌이기는 힘들다. 그렇기 때문에 친구나 가족들과 먼저 토론해 보는 방법을 추천한다.

왜 공식적으로 토론하기 어려운 사회적 문제를 가족들과 먼저 토론해 보라고 하는 걸까. 그것은 다수의견과 소수의견을 명확하게 구분할 수 있고, 과열된 토론으로 이어질 수 있기 때문이다. 과열이라는 뜻은 사고가 움직이고 있다는 신호이다.

Why 그럼 어떻게!

자신에게 일어나는 모든 일 특히, 사회적으로 대립되는 문제에 대해 의문을 갖고 토론을 벌이는 자세가 사고 정지 상태에서 벗어나는 유일한 방법이다.

손과 발, 눈과 입, 이중에서 가장 중요한 부분은 어디일까?

어느 나라 왕이 불치병에 걸려 자리보전하고 누워 있었다. 아무리 유능한 의사도 이 왕의 병을 고칠 수 없었고, 왕은 점점 쇠약해져 갔다. 그때, 주술사가 찾아와 왕의 병을 살펴보았다.

"이 병의 치료 방법은 한 가지밖에 없습니다. 바로 세상에서 가장 사납기로 소문난 어미 사자의 젖을 마시는 것입니다."

그래서 왕은 "어미 사자의 젖을 가져온 자에게는 어떠한 포상도 내리겠다."며 포고를 내렸다.

많은 사람들이 젖을 구하러 사자가 있는 곳으로 갔지만, 새끼를 지키려는 어미 사자는 자신에게 다가오는 모든 사람들을 무참히 죽여 버렸다. 포상은 매력적이었지만, 사람들은 공포에 떨며 어미 사자의 젖을 구하러 가지 않았다.

그러나 시골에 살고 있는 한 젊은 사내가 어미 사자에게 도전장을 내밀었다. 사내의 눈과 귀가 힘을 모아 어미 사자를 발견했고, 이런 저런 생각 끝에 어미 사자에게 매일 양고기를 주면서 한 걸음씩 다가가는 방법을 써보기로 하였다.

사내는 용기를 내어 이 방법을 실행에 옮기기로 마음먹었다. 며칠 동안 어미 사자에게 양고기를 주면서 두 손과 두 다리, 두 눈은 점점 어미 사자에게 가까워졌다. 사내는 마침내 어미 사자의 경계심을 풀고, 따뜻하고 신선한 젖을 짜는 데 성공했다.

그러나 왕에게 우유를 가져다주려고 할 때, 두 손과 두 다리와 두 눈이 싸움을 하기 시작했다.

두 눈 : 내가 어미 사자가 어디에 있는지 확인하고 한 걸음 한 걸음 다가가게 도와주었잖아. 그러니까 내가 가장 많은 포상을 받아야 해.

두 다리 : 내가 있었으니까 어미 사자가 덤벼들어도 도망갈 수 있었던 거야. 그러니까 내가 가장 중요한 역할을 한 거지. 물론, 한 걸음 한 걸음 다가간 것도 바로 나야. 그러니까 내가 가장 많은 포상을 받아야 해.

두 손 : 내가 없어도 어미 사자의 젖을 짤 수 있었을까. 내가 젖을 짰으니까 내가 가장 중요한 역할을 한 거야.

지금까지 아무 말 없이 눈과 다리와 손의 이야기를 듣고 있던 입이 말을 꺼내기 시작했다.

"너희는 전부 말도 안 되는 이야기만 하고 있구나. 포상은 내가 가장 많이 받아야 해."

입의 말에 눈과 다리와 손은 모두 반론했다.

"무슨 소리야. 넌 아무것도 하지 않았잖아. 너에게는 포상을 조금도 줄 수 없어."

입은 어떤 방법으로 자신이 가장 많은 포상을 받아야 한다고 눈과 다리와 손을 설득시켰을까?

 모든 일을 비판적으로 생각하는 유대인

사람에게는 다리가 두 개, 손이 두 개, 눈이 두 개, 귀가 두 개, 콧구멍이 두 개 있다. 이렇듯 중요한 기관은 모두 두 개씩 있다. 그러나 입은 하나밖에 없다. 당신은 이 사실에 '왜?'라는 의문을 품은 적이 있는가.

유대인은 이유를 몰라도 생활에 전혀 지장이 없는 '당연한' 일에 대해서도 '의문'을 가지고 토론을 벌여왔다. 입이 하나밖에 없는 이유는, 입이 손과 다리에 비해 매우 중요하기 때문이라고 유대인들은 생각한다. 유대인의 격언 중에 '혀끝에 행복이 있다.'는 말이 있다. 이 격언은 많이 말하고, 많이 떠들고, 많이 주장하면 행복을 끌어당길 수 있다는 가르침을 준다. 침묵은 행복을 피하는 일이다.

그렇기 때문에 유대인들은 두 사람이 토론을 벌이고 있을 때 슬쩍 이야기에 끼어든다. 그리고 마침내 토론은 두 사람이 아닌 세 사람이 벌이는 모습이 된다.

이처럼 유대인들은 정말 입에서 태어난 민족이고, 토론과 언쟁을 무척이나 좋아하는 민족이다.

토론과 언쟁은 유대인의 진면목이다

'이스라엘'의 어원은 불평하는 사람, 토론하는 사람, 반항하는 사람이라는 의미이다. 〈구약성서〉를 읽어보면, 유대인이 상사(모세)에게 반항하고 불만을 토로하는 부분이 나온다. 모세도 자신의 상사인 신에게 언쟁을 높이는 모습이 많이 나온다.

신은 자신에게 반항하는 모세와 유대인을 가엾게 여기고 기적을 일으켜 구원해 준다. 모세에게 이끌려 이집트를 탈출한 60만 명의 유대인은 이집트의 군대에 뒤쫓겨 앞에는 바다, 뒤에는 이집트 군이라는 절체절명의 위기에 봉착한다. 이때 한국 사람들이라면,

"죽음을 피하려면 우리가 하나가 되어 이집트 군과 싸워야 한다."

아렇게 말했을지도 모른다. 그러나 유대인들은 그렇게 생각하지 않았다.

"모세에게 속았다. 이렇게 될 줄 알았다면 이집트에서 노예로 있는 게 좋았을 뻔했어. 이대로 사막에서 죽는다면 무덤에 묻히지도 못할 거야. 어떻게 우리를 속일 수 있지."

이렇게 모세에게 대들었다.

불만을 이야기해 봤자 문제는 해결되지 않는다. 그런데도 불만을 이야기한다. 이것이 유대인의 특징이다. 그러나 신은 하늘에서 이러한 불만을 듣고 기적을 일으킨다. 바다를 반으로 갈라 유대인들이 탈출할 수 있도록 도와준 것이다. 그래서 유대인들은 '불만을 말하지 않으면 신은 기적을 일으키지 않는다.'는 철학을 가지게 되었다.

토론, 반론을 중요하게 여긴다

'윗사람에게도 불만을 말한다.'

이것이 유대인의 특징이다. 유대인들은 신에게까지 불만을 이야기하기 때문에 선배나 조직의 우두머리에게도 서슴지 않고 불만을 이야기한다.

한국사람 1만 명을 모으는 것보다 미국인 1백 명을 모으는 것이 어렵고, 미국인 1백 명을 통솔하는 것보다 유대인 5명을 지휘하는 게 어렵다는 경영조직론이 생긴 이유도 유대인들의 이러한 특징 때문이다.

어미 사자 젖의 설화가 전해지는 이유도 입이라는 존재의 중요성을 가르쳐주기 위해서다. 그럼 당신은 어떠한 논리로써 다리와 손, 눈과 귀, 코에게 입이 가장 중요하다고 설득할 것인가?

설화는 계속해서 이렇게 이어진다.

왕에게 어미 사자의 젖을 바칠 때, 입이 이렇게 외쳤다.

"왕이시여, 이것은 사자의 젖이 아니라 개의 젖입니다. 이 젖을 드셔도 왕은 병에서 나을 수가 없습니다."

그러자 왕은 크게 화를 냈다.

"어미 사자의 젖을 가지고 오라 하였는데, 어째서 개의 젖을 가지고 왔느냐! 당장 이놈들을 처형해라!"

두 눈, 두 다리, 두 손은 왕의 분노에 부들부들 떨면서 "이봐, 우리는 진짜 어미 사자의 젖을 가지고 왔잖아. 어서 그렇다고 말해."

라며 입에게 간절히 말했다.

입은 눈과 다리 손에게 이렇게 말했다.

"그것 봐. 입이 가장 중요하잖아. 포상을 전부 나한테 줘. 그럼 사실대로 말할게."

두 눈, 두 다리, 두 손은 마지못해 포상을 전부 주겠다고 입에게 약속했다.

두 눈, 두 다리, 두 손을 살린 것도 죽인 것도 전부 입이었다. 다른 기관의 운명을 쥐고 있는 것은 입이라는 뜻이다.

"아니, 나는 눈이 가장 중요하다고 생각해.",

"아니, 나는 코가 가장 중요하다고 생각해."

이렇게 생각해도 좋다. 활성화된 토론과 사고의 정지 상태에서 벗어나기 위해서는 오히려 이런 다양한 의견이 필요하기 때문이다.

그리고 눈이 가장 중요하다고 생각한다면 그렇게 주장하는 근거를 가지고 상대방을 설득시키면 된다. 이러한 방식이 사고력을 키우는 행동이다.

 '왜?'라는 질문에서 출발한다

모든 일에 의문을 가지고 '왜?'라고 질문하자.

평소에 아무 의심 없이 지나쳤던 일에도 '왜일까?' 하고 의문을 품어보자. 작은 일에도 의문을 품는 습관이 사고력을 높인다. 예로 들어 유대인 가정에서는 부모가 세 살짜리 자녀에게 이런 질문을 자주한다.

"바람은 보이지도 않고, 모습도 색도 냄새도 없잖아. 그런데 우리는 어떻게 바람을 느낄 수 있을까?"

당신이 이런 질문을 받는다면 뭐라고 대답할 수 있을까. 물론 이 질문에 정답은 없다. 유대인 부모도 자녀에게 철학적, 물리학적 지식을 구사하는 토론을 기대하지 않는다.

이러한 질문은 '눈에 보이지 않는 바람을 느끼는 이유'를 각각 다른 발상으로 생각하며 토론하는 힘을 키워주는 훈련이기 때문이다.

유대인 가정에서는 자녀가 의문을 품고 질문하는 자세를 매우 중요하게 생각한다. 아인슈타인은 다섯 살 때 아버지에게 자석 세트를 선물 받았다고 한다. 그리고 자석에 대해서 여러 가지 의문을 품고, 아버지와 같이 실험을 했다. 이 경험이 물리학을 공부할 계기가 되었다고 한다.

미국 물리학자 리처드 파인만은 양자전자역학이라는 새로운 분야를 개척해 노벨상을 수상했다. 파인만은 어렸을 때 아버지의 손에 이끌려 박물관을 방문했고, 거기서 아버지와 나눈 토론이 훗날 과학자를 꿈꾸게 한 원동력이 되었다고 자서전에서 회고했다. 뒤돌아보면 회사원이었던 아버지의 설명은 잘못된 내용이 많았지만, 파인만에게 과학적 흥미를 불러일으키기에는 충분했다고 한다.

유대인뿐만 아니라 전 세계 어느 민족이나 부모는 자녀의 지적 호기심을 넓혀주기 위해 궁리한다. 그러나 그중에 유대인 부모는 특히

나 열심이다. 유대인 부모는 자녀에게 적극적으로 질문을 한다.

아인슈타인과 페이먼, 그리고 많은 유대인 지식 거장들은 모두 이러한 환경에서 자랐다. 학문에서 훌륭한 업적을 세운 사람이나 구글의 두 설립자 래리 페이지와 세르게이 브린, 페이스북 창업자 마크 저커버그, 인텔의 명예회장 앤디 그로브, 마이크로소프트의 최고 경영자 스티브 발머처럼 유대인이 획기적인 발상으로 사회적 명성을 얻을 수 있었던 이유는 모든 일에 의문을 품고 질문하는 자세, 토론을 좋아한 태도에 있다고 생각한다.

 사고의 예외와 금기를 버려라

'왜?'라는 의문에 '예외'와 '금기'를 만들 필요는 없다.

네를 들어 길거리기 지녀가 20대 정도의 젊은 남성을 가리키며,

"엄마, 저 아저씨는 왜 머리카락이 없어?"

하고 물었다고 하자. 대부분의 우리나라 엄마들은

"쉿! 그런 말 하면 못 써!"

라며 자녀를 혼내고 재빨리 그 자리에서 도망칠 것이다.

신체적 결함을 지적하는 것은 상대방에게 실례이고, 그런 말을 들은 상대방은 모욕감을 느낄지도 모른다. 그래서 우리나라 사람들은 상대방의 신체적 결함에 대한 발언을 금기시한다.

그러나 유대인은 다르다. 유대인 엄마라면 "왜 그럴까?"라며 자녀에게 질문하고 생각할 시간을 준다. 상대방의 신체적 결함이든 무

엇이든 '왜?'라는 질문 자체를 중요하게 생각하기 때문이다.

'숫기가 없는 아이는 공부를 잘할 수 없다.'는 유대인 격언이 있을 정도로, 자녀가 '왜?'라고 질문할 때마다 유대인 부모는 칭찬을 해 준다. '왜?'라는 질문이 '왜 사람의 머리에서는 머리카락이 자라는 걸까?'라는 토론으로 이어지기 때문이다.

'왜?'라는 질문을 잊을 때, 사고는 멈춘다.

"그런 말은 실례이기 때문에 물어보는 거 아니야."

라고 자녀를 혼내는 순간, 더 이상 토론은 진행되지 않는다. 우리나라 사람들은 상대방을 배려하고 '두루두루 친하게 지내야 한다.'는 것을 미덕으로 삼기 때문에, 상대방의 기분을 해치는 질문이나 토론을 좋아하지 않는 경향이 있다. 그러나 의문에 예외와 금기를 만드는 행동이 사고를 정지 상태로 만드는 지름길이란 사실을 인정해야 한다.

Why 그럼 어떻게!

모든 일에 의문을 가지고 '왜?'라고 질문한다. 평소에 아무 의심 없이 지나쳤던 일에도 '왜일까?' 하고 의문을 품어본다. 작은 일에도 의문을 품는 습관이 사고력을 높인다.

모세도 야훼 신에게 반론을 던졌다

〈구약성서〉에 나오는 '출애굽기' 시대에 이집트 노예였던 유대인들은 고된 노동에 시달려야만 했다. 어느 날, 이집트에서 도망친 모세 앞에 신이 나타나 이렇게 말했다.

"이집트로 돌아가 모든 유대인을 구하라."

이 말에 모세는 "저는 유대인을 구할 수가 없습니다." 하고 신에게 반론했다.

모세가 이렇게 반론한 근거는 무엇일까?

 유일신에게까지 반론을 던지는 유대인

〈구약성서〉에는 모세와 신이 대화를 나누는 장면이 많이 있다. 신은 모세에게

"이집트로 돌아가서 유대인을 데리고 요단강으로 가라."

하고 계시를 내리지만, 모세는 반론한다.

만약 모세가 우리나라 사람이었다면 어떻게 했을까.
"신의 계시를 거스르는 건 있을 수 없는 일이야."
이렇게 어떤 의문도 품지 않은 채 신의 계시를 따르지는 않았을까.
모세는 신에게 뭐라고 반론했을까. 설화는 아래에 계속된다.

모세 : 저는 유대인을 구할 수가 없습니다. 이름도 없는 제가 유대인에게 가서 당신들을 구하러 왔노라고 말해도 아무도 믿지 않을 것입니다.

신 : 내가 구원할 테니 안심해라. 너는 내가 이집트로 보내는 사자이니라.

모세 : 신이시여, 제발 농담을 거두어 주세요. 제가 이집트로 가 유대인 앞에서 "나는 신이 보낸 사자이다. 내가 신을 대신해 너희들을 구하러 왔다."고 말한다면, 유대인이 뭐라고 생각하겠습니까. "신이라고? 난 그런 거 들어본 적도 없어. 신의 이름이 뭔데?"라며 화를 낼 것이 분명합니다. 그러면 저는 뭐라도 답해야 좋을까요?

신 : 신에게는 이름이 없다. 신은 신일 뿐이다.

모세 : 그런 대답으로는 유대인을 설득할 수가 없습니다. 분명 저에게 너는 신을 본 적이 있느냐고 물을 것입니다. 그러면 저는 뭐라고 대답해야 하나요?

신 : 걱정하지 마라. 내가 기적을 만들 테니.

모세 : 저에게는 사람들 앞에 서서 말을 능숙하게 하는 재능도 없

습니다. 도저히 유대인을 설득할 수가 없습니다.

 신 : 나는 인간에게 말할 수 있는 입을 주었다. 내가 인간에게 입을 주고 말을 주었다. 안심해라. 너에게는 내가 있다.

 이러한 대화가 신과 모세 사이에서 7일 동안이나 계속되었다. 유대인에게는 신과 교섭하고, 반항하고 신에게 불만을 토로하는 설화가 많이 있다.

 "당신이 신이라고 말해도 아무도 믿지 않을 것입니다."

 모세의 이 말은 신에 대한 모욕이고 불손한 발언이다.

 그러나 신의 존재까지 의심하고, 그 존재의 여부를 두고 토론을 벌이는 것이 유대인 사고의 특징이다. 우리나라 사람이라면,

 "하느님과 부처님을 믿지 않는 것은 신앙심이 부족하단 증거야."

하고 비난할 것이다.

 "하느님을 믿으면 행복해집니다. 그러니까 하느님을 믿으세요."

 이런 말에도 아무 의심 없이, 하느님을 믿고 부처님을 위대한 존재로 우러러 받드는 것이 강한 신앙심의 증거라고 생각한다.

 반면에 유대인들은 석가모니상이 오른손은 들고 있고 왼손은 무릎 위에 얹고 있는 모습을 보면 '왜 저런 모습으로 앉아 있지?' 하고 의문을 품을지도 모른다. 그리고 '부처님은 왜 오른손은 들고, 왼손은 내리고 있는 걸까?'에 대한 토론을 벌일 것이다.

 2014년 전 세계적으로 큰 흥행을 거둔 할리우드 영화 '겨울왕국'

의 영향으로 'Let it go'(있는 그대로)라는 대사가 유행했다. 그러나 유대인은 신이든지 부처이든지, 그 존재를 있는 그대로 맹목적으로 믿지 않는다. '신의 존재에 의문을 품은 유대인'과 '아무런 의문을 품지 않은 유대인' 어느 쪽이 진정한 유대인일지 잘 알 것이다.

신의 존재조차 의문을 가지고 '왜?'라고 생각해 보자. 유대인들은 그렇게 생각함으로써 신의 존재를 보다 깊이 이해하고, 신의 존재에 가까워질 수 있다고 생각한다.

💡 **상식과 여론, 권위에 의문을 품자**

'모세의 반론'은 설령 그것이 신의 계시라도 그대로 받아들여서는 안 된다는 가르침을 알려주는 설화이다.

그대로 받아들이는 시점에서 사고는 정지한다. 사고가 정지하면 새로운 깨달음과 발상을 얻지 못할 뿐만 아니라 잘못된 인식과 해석도 알아차리지 못한다. 치명적인 잘못을 보지 못하면 우주왕복선 컬럼비아호와 같은 대참사가 일어나기도 한다.

무슨 일이든지 우선은 '정말 그럴까?' 하고 의심해 보는 자세가 중요하다. 상식과 여론, 업계의 관례와 전례 등 지금까지 의심 없이 받아들이고 동조했던 일에 대해서도 의문을 품어보아야 한다.

예를 들어 '올림픽은 스포츠의 축제다.'라는 말이 있다. 그러나 정말 그럴까? 유대인들은 올림픽이 스포츠의 축제라는 의견을 그대로 받아들이지 않는다.

"올림픽은 원래 로마의 콜로세움에서 노예와 사자가 벌이는 결투를 보여주려고 만든 경기잖아. 과연 신은 그런 경기를 좋아하셨을까."

시나고그(유대교의 회당)의 공부모임에 모이면 유대인들은 항상 이런 토론을 벌인다. 설령 신분이 높은 사람이나 그 분야의 전문가 말이라도 그대로 받아들이지 않는다.

'일류대학의 어떤 교수가 말했으니까.', '의사가 말했으니까.', '공공기관에서 발표한 내용이니까.' 그래서 틀림없다. 이렇게 생각하지 않는다. 우리는 '권위 있는 이야기'에 약하지만, 누구의 발언이든지, 그 사람의 신분의 무엇이든지 '정말 그럴까?' 하고 의문을 품는 자세가 중요하다.

의문은 교과서에서도 예외가 아니다. 주몽이 고구려를 건국했다고 국사 교과서에 나온다. 그러면 "정말일까? 정말 역사적 사실이 그러할까?" 신라의 박혁거세는 알에서 태어났다고 하는데 정말 사실일까 하고 의심해 볼 필요가 있다. 만약 그것이 정말 역사적 사실이라면 어떤 근거가 있는지 증거는 무엇인지 철저하게 조사해 보아야 한다.

매스컴 정보와 다수결 의견에 대해서는 특히 더 비판적인 시선으로 바라보아야 한다. 그리고 스스로 조사와 검증을 게을리 해서는 안 된다. 전기요금이 비싸지는 것은 원자력발전소가 운전을 중단했기 때문이라고 매스컴에서 보도하지만, 그것이 정말 사실인지 생각해 보아야 한다.

  만약 원자력발전소 덕분에 지금까지 낮은 전기요금을 지불했던 거라면 원자력발전소가 없는 다른 나라는 우리나라보다 비싼 전기요금을 내고 있다는 뜻이다. 실제로 어떤지 의문을 품고 철저하게 생각하고 조사해 보면 진실이 보일 것이다.

Why 그럼 어떻게!

누구의 발언이든지, 그 사람의 신분의 무엇이든지 '정말 그럴까?' 하고 의문을 품는 자세가 중요하다. 이 의문은 교과서에서도 예외가 아니다.

토론으로 신에게 맞선 드보라의 도전

어느 마을에 드보라라는 아름다운 여자가 살고 있었다.

유복한 가정에서 자란 그녀는 토라(유대교의 성서)의 내용을 깊이 공부했다. 성인이 된 드보라는 부모님이 정해 놓은 청년과 결혼을 하였다. 그러나 결혼식 날 밤, 신랑이 갑자기 숨을 거두었다. 그리고 몇 년 후, 드보라는 또다시 부모님이 정해 준 훌륭한 청년과 결혼을 하게 되었다. 그러나 두 번째 신랑 또한 결혼식 날 밤 갑자기 죽게 되었다. 세 번째 신랑마저 결혼식 날 죽자, 드보라는 더 이상 결혼하지 않겠다고 마음을 먹는다.

얼마 후, 먼 마을에 살고 있는 친척 아들이 드보라의 집을 찾아왔고, 드보라 부모는 그 청년을 좋아하기 시작했다. 어느 날 청년은,

"드보라를 아내로 맞이하고 싶습니다."

하고 드보라의 부모에게 말했다. 그러나 드보라 부모는, 드보라와 결혼한 신랑 세 명 모두가 결혼식 날 죽었다는 사실을 밝히며 청년에게 딸과 결혼할 마음을 접으라고 말한다. 그러나 그는,

"저는 지금까지 성실한 마음으로 신을 모셔왔습니다. 저에게 그

런 일은 일어나지 않을 겁니다."

하고 말했다. 결국 부모는 뜻을 접고 드보라와 청년을 결혼시킨다. 결혼식 날, 신은 새 신랑이 된 청년을 천국으로 데려가기 위해 지상에 천사를 보냈다. 죽음의 천사는 신랑을 향해 나와 같이 갈 곳이 있다며 천국으로의 여행을 재촉했다. 그때, 천사를 기다리고 있던 드보라가 나타났다.

Problem

드보라는 어떤 행동을 보였을까?

토론이 길을 개척한다

이 설화에서 신은 사람의 목숨을 자유롭게 빼앗아가는 '권력자'로 표현되고 있다. 목숨의 권한을 쥔 권력자에게 신랑 세 명과 함께 행복을 빼앗긴 드보라. 신은 지금 또다시 네 번째 신랑을 데려가려 하고 있다.

나는 나쁜 짓을 조금도 하지 않았는데 신은 왜 나에게 이런 시련을 주는 걸까. 드보라는 울분을 숨길 수가 없었다. 이런 부당한 처사를 받고도 '신의 결정이니까 어쩔 수 없다.'고 체념해야만 할까. 그래서 드보라는 신에게 홀로 맞섰다. 지금 이 순간만을 기다려온 드보라가 신랑과 천사 앞에 갑자기 나타났다.

"네가 지금까지 나의 신랑을 뺏어간 죽음의 천사로구나. 하늘로 올라가 신에게 전하거라."

드보라는 큰 목소리로 천사에게 이렇게 말했다.

드보라 : 토라(유대교의 성서)에 따르면, 결혼한 남자는 신부와 같이 있어야 한다고 쓰여 있어. 그래서 신은 내 신랑을 천국으로 데리고 갈 수 없어.

죽음의 천사 : 지금 신의 결정에 이의를 달고 도전하는 것이냐?

드보라 : 맞아! 토라에는 '남자가 결혼을 하면 일보다도 가정을 우선으로 생각해야 하고 아내와 함께 있어야 한다.'고 쓰여 있어. 결혼식 날 내 남편을 천국으로 납치하는 것은 토라의 가르침을 어기는 일이야. 토라의 가르침은 신이 만든 거 아니야! 신은 자신의 가르침을 짓밟았으니까, 나는 종교 재판소에 신을 피고로 고소할 거야.

단숨에 이렇게 이야기한 후, 드보라는 죽음의 천사를 노려보았다. 깜짝 놀란 죽음의 천사는 서둘러 혼자 천국으로 돌아가 신과 이야기를 나누었다.

"드보라가 신을 법정에 세운다고 했습니다. 어떻게 할까요?"

"음, 내가 졌구나. 드보라에게는 이제 더 이상 가지 말거라. 다른 신부의 집을 찾거라."

신은 이렇게 말하며 더 이상 드보라에게서 남편을 빼앗아가지 않았다. 이렇게 해서 드보라는 사랑하는 남편을 죽음의 천사에게서 지킬 수 있었고, 남편과 영원히 행복하게 살았다는 설화이다.

드보라는 의연함을 잃지 않고 신의 사자인 천사에게 토론으로 도전해 길을 개척할 수 있었다.

어떠한 권위도 토론으로 맞서자. 이것이 유대인의 가르침이다.

상식을 깨는 것을 두려워하지 말자

우리나라 사람들은 자신보다 지위가 높은 사람에게 의견을 물어보거나, 자신의 의견을 제안하는 행동을 꺼려한다. 회사에서 출세하는 사람을 보면 윗사람과 회사의 지시에 순응하는 사람으로 정해져 있다. 순응만이 업무의 효율성을 높이는 방법이라고 생각하기 때문이다.

"이렇게 하는 게 좀 더 좋지 않을까요?"

하고 윗사람에게 자신의 의견을 말하는 사람은 조직의 분위기를 깨트리는 사람으로 낙인찍혀 앞으로 순탄치 않은 생활이 펼쳐지는 게 우리나라 조직의 현실이다. 조직에 순응하는 사람을 인재로 여길지 모르지만, 세상은 그렇게 생각하지 않는다.

실리콘밸리의 IT 기업 사장이 들려 준 이야기가 있다.

그의 회사에는 우크라이나 기술자와 일본 기술자가 있는데, 같은 기술자이지만 사장은 두 사람을 다르게 생각하고 있다고 한다.

우크라이나 기술자는 '이렇게 하는 게 좋다.', '저렇게 하는 게 좋다.'며 항상 최신 기술에 관심을 가지며 연구하고 제안한다. 한편 일본 기술자는 기술 능력은 뛰어나지만 제안 능력이 전혀 없다. 그 대신에 상부의 지시는 충실히 따르고, 일은 정해진 날짜를 꼭 지키는 등 일에 있어서는 매우 성실한 태도를 보인다.

전자는 제안형 인재인 반면에, 후자는 작업형 인재라는 뜻이다. 일본이나 우리나라 사람들은 수동적인 일에만 익숙해 있는지도 모른다. 과거에는 시키는 일만으로도 충분히 살아남을 수 있는 시대였다. 일본이나 우리나라는 품질 좋은 제품과 서비스를 제공함으로써 세계 시장을 석권하고 있다.

그러나 지금은 기술력과 가격 경쟁력을 가진 신흥국이 떠오르면서 두 나라를 위협하고 있다. 수동적인 일에서 헤어나지 못하면 우리의 미래는 점점 더 어두워진다. 지금 우리는 수동적인 인간으로 전락하지 않기 위해 노력해야 한다.

상대가 누구라도 토론을 피하지 말자

학교 교육이 우리를 수동형 인간으로 만들었다고 해도 과언이 아니다. 우리나라 대부분의 학교가 교사가 칠판에 쓴 내용을 학생이 공책에 그대로 필기하는 수업방식으로 이루어져 있다. 그러나 이러한 수업방식은 아무것도 생각하지 않는 상태와 같다.

우리나라에서 교사에게 강의를 듣지 자기의견을 개진하며 반론하면 수업진행에 불편을 주므로 꺼려한다. 그래서 이런 수동적인 교육방식을 장기간 고수한 결과, 스스로 생각하지 않은 작업형 인간과 수동형 인간이 대량으로 생겨났는지도 모른다.

　미래형 '인재'를 만드는 교육 현장에서는 '상대가 누구라도 겁내지 말고 토론으로 도전하자.'는 유대인식 사고를 실천하고 권장한다. 교사의 말에도 '정말 그럴까?'라는 의문을 가지고 질문해야 한다. 50분 수업 중에 40분은 교사에게 질문 공격하겠다는 마음가짐이 필요하다. '내가 질문을 하면 수업이 중단되고, 다른 아이들에게 방해가 될지도 몰라.' 이런 생각은 하지 않아도 된다.

　"네 질문으로 수업 시간을 전부 잡아먹을 수는 없어."

　하고 교사가 떨떠름한 표정으로 핀잔을 줘도,

　"이 부분이 도저히 이해가 되지 않습니다. 저는 이렇게 생각하는데, 선생님의 생각을 듣고 싶습니다."

　하고 물고 늘어져야 한다. 토론을 벌여야만 이해가 깊어지고 진실이 보이기 때문이다.

💡 토론이 미래를 개척한다

　사회생활에 있어서도 마찬가지다.

　대다수 사람들은 대기업이라는 회사 간판과 직위에 약하다. 자신이 중소기업에 다니고 있으면 상대방이 자신보다 권위 있는 위치에 있다는 사실만으로 토론과 교섭을 피해 버린다. 가끔은 토론을 벌여야 한다는 생각조차도 하지 않는 사람이 있다.

　예를 들어 거래처인 대기업 담당자가 '이것이 회사의 방침입니다.', '저희 쪽에서는 이렇게 결정했습니다.', '이게 관례입니다.'라고 보낸 일방적인 통보에, 부당한 조건이라는 사실을 알지만 그대로 받아들였던 경험은 누구나 있다. 이때 유대인 사고를 가진 사람이라면 결코 부당한 대우를 따르지 않았을 것이다. 상대방에게 의문점을 이야기하고 토론하면서 교섭의 실마리를 찾았을 것이다.

"어떤 내용이 회사의 방침이란 말씀이십니까? 누가 그 방침을 만들었습니까? 그 사람과 직접 얘기하고 싶습니다."

"그런 방침이 있는 이유가 무엇입니까?"

"그 관례라는 게 누가 언제 만든 건가요? 그 관례에 누가 합의했습니까?"

거래처 입장에서는, 상황을 얼버무리며 어떻게든 계속 거래를 이어나가려고 할 것이다. 결론은 자신의 회사에 유리한 조건을 만들기 위한 술책이라는 뜻이다. 왜 이런 부당한 일이 일어났는지 사고를 집중시키고, 주눅 들지 않고 의문에 맞서면 술책을 깨부술 방법을 찾을 수 있다.

이러한 노력을 아끼지 않는 사람만이 어려운 상황 속에서 돌파구를 찾을 수 있고, 교섭에도 성공할 수 있다. 직장인이라면 회사 사장에게 이렇게 물어볼 수도 있다.

"사장님이 이 회사의 사장이 맞나요? 도대체 어떻게 해서 사장이 되었습니까? 재능 때문입니까, 아니면 운이 좋아서입니까? 도대체 어떤 이유로 사장이 되었나요?"

즉 모든 것을 토론의 대상으로 삼자는 이야기이다. 실제로 유대인은 직장 선배에게 이와 똑같은 질문을 한다고 한다. 그래서 '유대인 5명을 지휘하는 것보다 미국인 100명을 통솔하는 게 더 쉽다.'는 말이 나온 것이다. 수동적인 사람은 글로벌 사회에서 살아남을 지혜를 얻을 수 없다는 점을 가슴에 꼭 새겨두어야 할 것이다.

Why 그럼 어떻게!

아무리 상대방이 사장이나 선배라도, 의문을 느낀 점에 대해서는 질문을 하고 토론을 벌여야 한다. 이러한 태도가 문제해결과 혁신에 꼭 필요한 도구이다.

CLASS 2
사물을 깊이 생각하기 위한 기본

논점을

충분히 꿰뚫자

파리를 주제로 어떤 토론을 벌였을까?

친구와 식사를 하고 있는데 어디에선가 파리가 날아왔다. 그때 파리에 관한 어떤 생각이 떠올랐고, 그 생각을 주제로 토론을 벌였다고 한다. 당신이라면 '파리를 주제'로 어떠한 토론을 벌였을까? 파리하면 떠오르는 생각을 세 가지 질문으로 만들어보자.(어떤 생각이라도 상관없다.)

우리는 무엇을 생각해야 하는지 알지 못한다

미국의 한 대학원에서 교편을 잡고 있는 지인이 다음과 같은 이야기를 했다. 국내 의사들이 지인의 대학원에서 1년간 유학했을 때의 이야기다. 그들은 교수의 지도하에 연구 논문을 쓸 계획이었는데, 무엇에 대해 연구를 해야 하는지 항상 교수들에게 물어봤다고 한다.

"논문의 주제는 스스로 선택하세요."

하고 교수는 말했지만

"주제에 대해서는 한 번도 생각한 적이 없어요. 제발 주제를 정해주세요."

라며 의사들은 간절히 말했다고 한다. 어려운 국가시험에 합격하고, 그 나라에서는 엘리트 의사로 칭송받던 사람들이 주제를 정하지 못해서 쩔쩔맸다니, 도저히 웃을 수만은 없는 이야기였다.

〈Class 1〉에서는 유대인식 사고법을 배우는 기초 단계로써, '모든 것을 토론의 대상으로 삼자'를 주제로 이야기했다. 그러나 모든 것에 의문을 품고 토론을 벌여야 사고가 넓어진다는 사실은 이해했지만, '무엇에 대해 토론해야 할지 모르는' 사람들은 아직 많이 있다.

대다수의 사람들은 논점을 정해 줘야 토론을 시작한다. 이렇게 스스로 논점을 찾지 못한다는 점이 우리나라 사람들이 안고 있는 심각한 문제점이다.

생각과 토론은 오락이다

그럼 〈Exercise 5〉에서 다룰 이야기를 계속해 보자. 당신이라면 식사 중에 날아온 파리를 보고 어떤 토론을 벌이겠는가.

"파리라고? 난 파리 따위에는 아무 관심이 없는데. 그리고 파리에 대해서 벌이는 토론이 무슨 의미가 있지? 도대체 왜 식사 중에 날아온 파리를 보고 토론을 벌여야 할까."

만약 파리라는 단어를 듣고 미간을 찌푸리면 이렇게 생각하는 사람이 있다면, 하루빨리 그 생각을 바꾸기 바란다.

내가 이 책에서 제시하는 것은 사고력을 높여주는 두뇌 운동이다. 모든 일에 의문을 품고 토론을 벌일 때 비로소 사고력이 높아진다는 사실을 다시 한 번 머릿속에 기억해 두고 이 책을 읽어주길 바란다.

　어느 유대인은 테이블에 앉아 있던 파리가 날아가는 것을 보고 '파리의 비행 속도를 비행기에 환산하면 얼마나 될까?' 하는 의문이 생겼다고 한다. 파리의 뛰어난 비행 능력에 주목했기 때문이었다. 그렇게 해서 식사 내내 파리의 비행 능력을 주제로 한 토론이 벌어졌고, 실제로 그 자리에서 같이 식사하던 다른 나라 과학자가 진땀을 흘렸다는 이야기도 있다.

　유대인들은 이렇게 식사 중이라도 의문이 생긴 점에 대해 토론을 벌이는 행동을 아주 자연스러운 모습이다. 그들은, 대부분의 사람들이 그러는 것처럼 전날 있었던 프로야구 경기나 TV 예능 프로그램 또는 레스토랑의 맛을 평가하거나 누군가를 험담하면서 이야기꽃을 피우지 않는다. 그런 이야기는 아무 도움이 안 된다는 사실을 잘 알고 있기 때문이다.

　유대인이 좋아하는 것은 토론이다. 두뇌를 가장 많이 활성화시키는 행동이 토론이라는 사실을 알기 때문이다.

💡 파리라는 곤충이 이끄는 사고의 넓이를 살핀다

　파리의 이야기로 되돌아 가보자. 파리는 정지 상태에서 갑자기 날아오르거나, 영점 몇 초 만에 최고 속도에 도달할 수 있다고 한다. 그 속도를 비행기에 비교해 환산하면 프로펠러 비행기의 속도(시속 700킬로미터)에 상당하는 수준이다. 즉 파리의 비행 능력은 프로펠러 비행기가 활주로를 주행하지 않고 이륙한 후 곧바로 시속 700킬로미터에 도달할 수 있는 능력과 같다는 뜻이다.

그러나 인간이 만든 비행기는 아직 그 정도의 성능까지 도달하지 못한다. 프로펠러 비행기도 이륙하기 위해서는 주행과 가속을 해야 하고, 주행과 가속을 하려면 활주로가 반드시 필요하다. 헬리콥터는 활주로 없이 날아오를 수 있지만, 최고 속도가 시속 350~400킬로미터밖에 되지 않아 일반 프로펠러 비행기의 속도에 절반밖에 미치지 못한다. 헬리콥터보다 고속비행이 가능한 미국의 비행기 오스프리조차도 최고 속도는 시속 550킬로미터 정도다.

여기서 흥미로운 것은, 화제가 파리에서 '어떻게 하면 영점 몇 초 만에 프로펠러 비행기의 최고 속도에 상당하는 비행물체를 개발할 수 있을까.'에 대한 토론으로 이어졌다는 점이다. 이렇게 주제가 아무리 하찮은 파리라도 절대 토론을 무시해서는 안 된다.

시작은 '파리를 비행기에 환산하면 그 속도가 얼마나 될까?' 라는 작은 의문이지만, 파리의 구조와 비행 방법을 연구한 다음 이 세상에 단 하나뿐인 능력이 뛰어난 비행물체를 만들어 보자는 의욕을 불태우는 연구자가 나타날지도 모른다. 논점에 따라 사고가 어떤 방향으로 넓어지고 발전할지 정해진다.

2014년 구글의 연구팀은 소형무인비행기(드론)를 개발했다고 보고했다. 오스프리를 뒤집은 모양으로 엔진이 상부에 달려 있다. 활주로 없이 수직이륙이 가능하고, 속도도 상당하다고 한다. 마치 파리를 연상시키는 비행물체이다. 이것은 어디까지나 저자인 내 추측이지만, 연구팀은 파리에게 힌트를 얻어 드론을 개발하지 않았을까. 어느 날, 유대인 초등학생과 대화를 나눈 적이 있다. 그 아이는 이런 질문을 했다.

"신은 왜 인간에게 피해만 끼치고, 인간을 귀찮게만 하는 파리를 만들었을까요?"

아마 이 아이는 파리가 날아다니면서 사람을 귀찮게 한다고 생각한 모양이었다. 그러나 '파리는 귀찮다.'는 생각에서 그치지 않고, '귀찮은 생물이 왜 존재하게 되었는지', '만물의 창조주인 신은 왜 인간을 귀찮게 하는 파리를 만들었는지', '살충제를 뿌려 지구상에 있는 모든 파리를 없앤다면 신은 화를 낼 것인지', '만약 신이 화를 낸다면 어떤 벌을 주실 건지' 이런 생각까지 하고 있었.

'신은 왜 성가신 파리를 만들었을까.' 란 질문이, 생태계의 한 부분을 차지하는 곤충이 지구에 미치는 역할, 동물의 사체를 처리하는 데 있어서 파리와 곤충의 역할, 파리를 죽이기 위한 대량 살포제가 인간에게 미치는 영향에 대한 토론으로까지 발전했다. 그 아이도, 초등학생이기는 하지만 역시 토론을 좋아하는 유대인이었다.

그럼 우리나라 초등학생은 어떨까. 유대인과 똑같이 곤충에 대해서 배우지만, "곤충은 절지동물이다. 시험에 나오니까 꼭 기억하도록."이라는 교사님의 말을 그래도 암기하지는 않을까?

안타깝게도 우리나라는 모든 과목을 시험 대비를 위한 암기과목으로 만들어 버렸다.

이러한 교육환경 속에서는 유대인 초등학생이 물어본 질문과 같은 의문을 아무도 생각해 내지 못할 것이다. 그뿐만 아니라, 생태계에는 어떤 생물이 존재하는지, 먹이사슬 안에서 파리와 모기는 어떤 존재인지, 그러한 의미를 연구하려는 과학자도 우리나라에서는 나타나지 않을 것이다.

'왜 그럴까.', '그런 이유는 뭘까.', '정말 그런 것이 필요할까.'

이런 의문과 문제의식이 존재해야 비로소 사고가 움직이기 시작된다. 이러한 의문이 논점이 된다. 논점은 사물에 대해 토론하고, 깊이 사고하기 위해 없어서는 안 되는 존재이다.

 사고의 밑반찬을 없애자

유대인은 논점을 발견하는 데에 뛰어난 재능이 있다. 또한 대화할 때에도 주제와 핵심을 명확하게 드러낸다. 매우 단도직입적이라고 할 수 있다. 본론으로 들어가기에 앞서 잡담을 나누거나, 주제와 핵심을 에둘러 표현하지 않는다. 음식으로 비유하자면 '밑반찬'이 없는 메인요리와 같다. 머릿속에 오직 논점만 존재한다고 해도 과언이 아니다. 한편 우리나라 사람들은 논점을 잘 파악하지 못한다.

유대인 입장에서 보면 우리나라 사람들은 논점을 잘 파악하지 못한다. 유대인 입장에서 보면 우리나라 사람은 '답답하고, 무슨 말을 하고 있는지 모르는 사람' 일지도 모른다. 일상생활에서 유대인과 자주 만나고, 그들과 격렬한 토론을 벌이면서 사고가 충분히 단련되었다고 자부하는 나조차도 유대인에게서 답답하다는 말을 들은 적이 있다.

"당신의 이야기는 논점이 애매해서 대화의 진전이 없어요."

라고 지적받았다. 예를 들어 내가 대화 끝에 '그럼 검토 부탁드립니다.' 라고 말했다고 하자. 상대방이 우리나라 사람이라면 '대답을 듣고 싶다.' 라는 내 의도를 파악하고 적당한 시기에 답장을 해 줄 것이다. 그러나 유대인들은 전혀 그렇게 생각하지 않는다. "언제까지 답변해 주세요."라고 말해야 답장을 받을 수 있다.

'검토해 주시기 바랍니다.' 라고 말해 봤자,

"도대체 뭘 검토해 달라는 거지? 무슨 말인지 도저히 모르겠군."

이런 대답이 돌아올 뿐이다.

유대인처럼 논점을 우선 파악한다

유대인이 논점주의자가 된 이유는 어렸을 때의 교육환경과 습관에 있다.

유대인들은 엄숙한 습관처럼 매주 토요일 안식일에 〈구약성서〉를 읽는다. 그들은 성서 전체를 54회로 나누어 1년 동안 읽는다. 그 주에 성서 어디 부분을 읽을지 미리 정해 놓는데, 그것을 '파라샤' 라고 부른다.

파라샤는 세계 공통으로 진행되고 있으며, 전 세계 유대인들은 그

주에 성서의 같은 부분을 읽는다. 파라샤에는 성서를 읽는 부분뿐만 아니라 논점도 정해져 있고, 그 논점은 〈탈무드〉에도 나와 있는 주제로 이루어져 있다.

예를 들어, 어느 주의 파라샤 논점은 이러하다. 신이 모세를 부를 장면에서 "모세야, 모세야." 하고 작게 '야.' 라고 쓰여 있다. 왜 크게 '야.' 라고 하지 않고, 작게 '야.' 라고 했을까? 이것이 한 주의 파라샤 논점이다.

유대인들은 이 문제를 단순한 오자라고 생각하면서 절대 그냥 넘어가지 않는다. 〈구약성서〉는 신이 쓴 책으로 절대 오자가 생길 수 없다고 생각하기 때문이다. 그렇기 때문에 모든 것을 토론 대상으로 삼는 유대인들은 작게 '야.' 라고 쓴 이유를 찾기 위해 우선 검색을 시작한다. 신이 모세를 부른 것처럼 다른 예언자를 부르는 장면이 없는지, 성서 전체에 쓰인 글자를 대상으로 검색을 시작한다.

지금은 인터넷 포털 사이트를 이용해 간단하게 검색할 수 있지만, 예전에는 일일이 성경을 읽어가며 직접 핵심어를 찾아야 했다. 실제로 검색을 해 보면 모세를 부르는 장면 이 외에, 작은 글씨로 '야.' 라고 쓰인 부분은 존재하지 않는다.

'왜 모세를 부르는 부분만 작은 글씨로 쓰여 있을까?'

이런 토론이 전 세계 유대인들 사이에 일제히 퍼진다.

시나고그에 가면 "이번 주 파라샤 논점은 무엇 무엇입니다." 하고 랍비가 말한다. 유대인들은 식사 자리에서 "이번 주 논점에 대해서 어떻게 생각해?"라며 느닷없이 토론을 벌이고, 웹 사이트와 이메일로도 활발하게 의견을 주고받는다. 실제로 유대인 각 교단이 만든 웹 사이트에는 동영상으로 만든 파라샤 강의가 많이 있고, 파라샤 동영상은 논점을 보다 쉽게 파악할 수 있도록 도와준다.

이처럼 유대인들은 항상 논점을 의식하면서 성서를 읽는 태도 덕분에 토론하는 습관이 몸에 배게 되었다. 그렇기 때문에 평소에도 논점을 잘 파악하고, 논점을 따라가면서 깊은 토론을 나눌 수 있게 된 것이다.

유대인들은 성서를 읽으면서 논점을 파악하는 힘과 사고력을 단련시켜왔다. 이는 어른에게만 해당되는 이야기가 아니다. 유대인은 열다섯 살이 되면 종교학교에서 〈구약성서〉를 쉽게 풀이한 〈탈무드〉를 가지고 공부하기 시작한다. 유대인들의 논점과 사고력의 비결은 그들이 〈탈무드〉를 읽는 방식에 있다.

논점을 파악하는 힘은 직장인이 꼭 배워야 할 사고력이다. 업무에 있어서 논점이란 '최우선으로 해결해야 할 일'이라고 할 수 있다. 무엇을 가장 먼저 해야 하는지 순위를 정하는 것을 우선순위라고 말한다. 자신의 일에 우선순위가 무엇인지 미리 정해두고 업무를 시작하는 사람은 거의 없다. 대부분의 사람들이 위에서 시키는 일에 우선순위를 둔다. 과거에는 상사가 지시하는 일만을 하면 되었을지 모르지만, 현대는 스스로 문제를 찾고, 스스로 문제를 해결하는 힘이 요구되는 시대이다.

유대인 학생들이 〈구약성서〉를 어떤 식으로 읽는지, 무엇을 주제로 어떤 토론을 벌이는지 다음 장에서 보여주겠다. 유대인들은 일반적으로 히브리어로 된 성서를 읽지만, 여기서는 영어로 번역된 성서를 사용했다

Why 그럼 어떻게!

'왜 그럴까.', '그런 이유는 무엇일까.', ' 정말 그런 것이 필요할까.' 이런 의문과 문제의식이 존재해야 비로소 사고가 움직이기 시작된다. 이러한 의문이 논점이 된다. 논점은 사물에 대해 토론하고, 깊이 사고하기 위해 없어서는 안 되는 존재이다.

「구약성서」'창세기' 태초의 이야기에도 의문이 있다

1:1 At the first God made the heaven and the earth.
1:2 And the earth was waste and without from; and it was dark on the face of the deep: and the Spirit of God was moving on the face the waters.
1:3 And the God said, Let there be light: and there was light.
1:4 And God, looking on the light, saw that it was good: and God made a division between the light and the dark.
1:5 Naming the light, Day, and the dark, Night, And there was evening and there was morning, the first day.

(1장 1절: 태초에 하나님이 천지를 창조하시니라
1장 2절: 땅이 혼돈하고 공허하며 흑암이 깊음 위에 있고 하나님의 영은 수면 위에 운행하시니라
1장 3절: 하나님이 이르시되 빛이 있으라 하시니 빛이 있었고
1장 4절: 빛이 하나님이 보시기에 좋았더라 하나님이 빛과 어둠을 나누사
1장 5절: 하나님이 빛을 낮이라 부르시고 어둠을 밤이라 부르시니라 저녁이 되고 아침이 되니 이는 첫째 날이니라.)

> **Problem**

1장 1절에서 'At the first'가 의미하는 '태초'란, 무언가의 처음이라는 뜻일까 아니면 무언가의 시작이라는 뜻일까? 'In the beginning'라고 번역된 영문 성서도 있는데, 'At the first'와 'In the beginning'의 차이는 무엇일까? '태초'라고 번역하는 것이 정답이라고 생각하는가? 자신의 생각을 말해 보자.

💡 다양한 각도에서 한 마디 한 구절에 의문을 품는다

유대인들은 성서를 읽을 때, 소설을 읽는 것처럼 술술 읽어 내려가지 않고 다양한 각도에서 의문을 가지고, 한 마디 한 구절 시간을 들여가며 읽는다. 이것이 우리가 유대인들에게 꼭 배워야 할 자세이다. 그들은 한 문장에 한 가지 혹은 몇 가지나 되는 논점을 찾고, 그 논점에 대해 토론하면서 성서의 교훈을 깊게 이해하려고 한다. 유대인 종교학교는 넓은 교실에 200명의 학생이 들어가 수업하게 되어 있다. 그러나 학생들은 두 사람씩 조를 이루어 자리에 앉는다. 1대 1 토론을 위해서다. 한 가지 주제에 매우 긴 시간을 들여 토론을 벌인다. 성서 1장 1절에 나오는 'At the first'에 대해서 종일 토론을 벌일 때도 있다.

학생 A : 'At the first'는 이 책(〈구약성서〉)의 태초를 의미하는 게 아닐까?

학생 B : 만약 그렇다면, 이 책의 태초라는 것을 굳이 책 앞에 쓸 필요가 있었을까?

학생 B : 나는 'At the first'가 모든 일의 태초를 의미한다고 생각해. 즉 신이 우주창조를 시작할 때를 의미하는 거지.

학생 A : 만약 그렇다면 무에서 유를 창조했다는 의미잖아. 그 이전이 무라는 증거가 있을까?

학생 B : 시작의 태초라면 우주는 하나밖에 없다는 뜻이 되잖아. 조금 이상하다고 생각하지 않아? 신은 전지전능하니까 지금까지 여러 개의 우주를 만든 거잖아.

학생 A가 주장을 하면 학생 B가 반론을 한다. 물론 학생 B의 주장에 대해서도 학생 A가 열심히 반론을 한다. 상대방이 반론했을 때, 상대방을 이해시킬 수 있는 논리로 대답해야만 한다. 'At the first는 신이 우주창조를 시작한 태초를 말한다.'고 생각한 사람은, 신만이 '무'에서 '유'를 창조할 수 있다

즉 모든 가치체계와 존재는 신에게 귀결된다는 주장으로 토론을 발전시켜 간다. '무'에서 '유'를 창조한다는 것이 '우주가 시작될 때'라는 'In the beginning'의 의미라면, 신은 이미 존재한 우주를 다른 모습으로 바꾼 것밖에 되지 않는다. 우리가 살고 있는 은하계 우주의 태초란 어떠한 상태였을까? '무'였을까 아니면 '유'가 한없이 모여 '무'와 같은 상태가 된 걸까? 만약 그렇다면 빅뱅이란 도대

체 무엇일까? 빅뱅은 왜 어떤 목적으로 일어난 걸까?

'At the first'의 토론은 우주론이나 우주물리학에 대한 토론으로 발전해 갈 수 있다.

나와 랍비가 모 유명 대학의 교양학부를 방문했을 때의 일이다. 학생들에게 'At the first'의 질문을 던지자 교실 안이 갑자기 조용해졌다. 침묵은 사고 정지 상태를 의미한다.

우주 은하계의 태초라는, 지금까지 한 번도 생각해 본 적 없는 질문이 사고를 정지시켜 버린 것이다. 그러나 한 번도 생각해 본 적 없는 일이라고 사고를 포기해 버리면 더 이상 새로운 발상은 나오지 않는다. 침묵은 금물이다. 대부분의 사람들이 우주 태초에 대해 생각한 적이 없을 것이다.

자신의 일과 관계없고, 일상생활에 지장을 주는 일이 아니니까 관심 없다고 말하는 순간 사고를 그대로 멈춘다. 그러나 잘 생각해 보자. 우리는 지구에 태어난 존재이고, 지구는 우주를 구성하는 요소 중에 하나이다. 우주가 없었다면 우리는 존재하지 않는다. 우주의 태초가 무엇인지, 왜 우주가 생겨났는지 우리와 전혀 관계없는 일이 아니다.

세상 모든 일은 우리와 밀접한 관계가 있다. 모든 것을 토론의 대상으로 삼자는 말도 이러한 이유에서이다. 유대인들은 우주 태초에 대한 부분까지 토론하는 걸까. 'At the first'는 단 세 개뿐인 단어지만, 그 단어에도 하루 종일 토론할 만한 가치가 있다고 말하면 사람들은 믿지 않을 것이다.

가치가 있다고 말하면 사람들은 믿지 않을 것이다. 그러나 'At the first'는 유대인들에게 있어서 엄청난 의미가 담겨 있는 단어다. 'At the first'에는 자신들의 존재 의식에 대한 중요한 문제가 담겨 있기 때문이다.

〈구약성서〉 '창세기'에는 '인간, 즉 유대인이 왜 이 세상에 태어났는지'를 묻고 있다. 그 근본적인 물음에 대답하기 위해서는 신이 최초로 창조한 것이 무엇인지 알아야 한다. 즉 'At the first'가 무엇을 의미하는지 다양한 각도로 토론하다 보면 자신이 태어난 의미에 가까워질 수 있다.

1장 1절에 나오는 'At the first God made the heaven and the earth.'라는 문장을 슬쩍 훑고 지나가면 앞에서 이야기한 토론은 벌어지지 않을 것이고, 인간 탄생에 대한 고찰도 없을 것이다. 자신이 태어난 의미에 대해서 깊게 생각할 이유가 없기 때문이다. 논점을 발견하고 토론을 벌이는 것만이 깊은 사고를 만들어 주는 요소이다.

💡 정답은 주어지는 것이 아니라 스스로 생각하는 것이다

유대인들은 〈구약성서〉에 나온 내용들을 어떤 식으로 해석하면 좋을지에 대해 오랜 시간 토론해 왔다. 그리고 그 토론 내용이 〈탈무드〉에도 적혀 있다. 〈탈무드〉에는 'At the first란 무엇의 태초일까.'라는 의문에 대한 10가지 설이 몇 장에 걸쳐 쓰여 있다. 몇 장에 걸쳐 쓰여 있다는 뜻은 그것만으로도 다양한 토론이 벌어졌다는 의미이다.

학생들은 수업 전에 〈탈무드〉를 읽고 교실에 와 자신들끼리 토론을 벌인다. 〈탈무드〉를 읽는 것이 예습이다. 〈탈무드〉의 내용에 어떤 의견이 있는지 생각하고, 그 의견을 기반으로 나름대로 내세울 주장을 만든 후 수업에 들어온다.

〈탈무드〉의 내용을 그대로 암기하는 것은 수업에 아무 의미가 없다. 자신은 어떻게 생각하는지, 왜 그 의견에 동의하는지 스스로 생각하고 말해야 사고력이 높아진다. 〈탈무드〉는 한 가지 논점에 여러 가지 의견을 내놓고 있다.

'At the first' 논점에 대해서는 '유대인 역사의 태초다.', '지구 탄생의 태초다.', '신이 선악을 만든 윤리의 태초다.' 등등 다양한 의견이 있다. 그중에서도 '신이 천지를 창조한 태초다.'라는 의견이 가장 유력한 설이다.

가장 유력한 설이라도 그것을 유일한 해석으로 받아들이지 않는 것이 유대인들의 특징이다. 예를 들어 A, B, C, D 네 개의 의견이 있고, A가 가장 유력하다고 해도 결코 "가장 유력한 A설을 공통 해석으로 채택하겠습니다."라고 말하지 않는다. 왜냐하면 토론 자체에 가치가 있다고 생각하기 때문이다. 이렇듯 정답은 누군가가 정해 주는 것이 아니라 각자 토론을 통해 스스로 얻는 것이다. 한 가지 의견을 꼽아서 '이것이 정답이다.' 하고 결정해 버리면 더 이상 토론은 진행되지 않는다.

토론이 더 이상 진행되지 않는다는 뜻은 사고가 정지 상태에 빠진다는 것을 의미한다. 실제로 유대인 종교학교에서는 학생 한 명 한 명이 어떤 토론을 벌이는지 교사는 알지 못한다. 넓은 교실에서 동시다발적으로 토론이 진행되기 때문에 당연한 결과일지도 모른다.

그러나 교사가 어떤 토론을 벌이고 있는지 모르고 있어도 문제가 되지 않는다. 토론에는 정답이 없기 때문이다. 중요한 것은 토론이 주는 두뇌 작용이다. 토론은 사물을 깊이 이해하고 본질에 가까워질 수 있는 능력을 두뇌에게 준다.

💡 비판적으로 읽으면서 분석하고 꿰뚫을 때 사고는 깊어진다

우리는 문장을 읽을 때, 한 마디 한 구절을 차분히 비판적으로 읽으면서 논점을 파악하는 훈련을 실천해야 한다. 유대인들이 〈구약성서〉를 읽는 때처럼 '이것은 어떤 의미일까.', '왜 이렇게 단언한 것일까?' 등 의문을 품고 읽어야 한다. '적어도 한 구절에 하나씩 의문을 가지자'는 마음가짐으로 읽는 것이 좋다. 그 의문과 문제의식이 논점이 되기 때문이다.

'창세기' 제1장을 계속 읽어보자. 논점을 파악하는 훈련이라고 생각하고 한 마디 한 구절을 비판적으로 분석하면서 깊이 있게 읽어 보자.

1:2 And the earth was waste and without from; and it was dark on the face of the deep: and the Spirit of God was moving on the face the waters.
(땅이 혼돈하고 공허하며 흑암이 깊음 위에 있고 하나님의 영은 수면 위에 운행하시니라.)

이 구절에서 어떤 논점을 찾을 수 있을까.

1장 2절에서도 하루 종일 토론을 벌일 수 있을 정도로 많은 논점을 찾을 수 있다. 그중의 하나가 'without form' '혼돈'이다.

'without form'이란 '형태가 없다.'는 의미일까 아니면 '질서가 없다.'는 'without order'라는 의미일까. 그것도 아니라면 'chaos'(혼돈)라는 뜻일까? 신이 만든 것인데 왜 형태가 없을까?

'질서가 없다.'라는 뜻은 무질서라는 의미일까? 신이 질서 없는 것을 만들었다는 게 조금 이상하지 않나? '질서가 없는 것'에 신은 어떻게 해서든 질서를 만들려고 하지 않았을까? 신이 천지를 창조할 때 왜 땅은 형태가 없었을까? '형태가 없다.'라는 것은 원래 어떤 의미였을까? '무'라는 뜻이었을까? 현대 우주물리학의 최첨단 이론과 〈구약성서〉의 내용은 어떤 부분이 일치할까?

'without form'을 비판적으로 읽으면 이러한 논점을 발견할 수 있다. 〈탈무드〉에는 이 부분에 대해 전부해서 8개의 논점을 만들었다.

'the Spirit of God was moving on the face the waters.' 부분으로 넘어가면 'waters'라는 단어가 나온다. 천지를 창조할 때 땅

에는 형태가 없었는데, 물은 있고 신의 존재(영)는 그 물의 표면을 걸었다. 이것은 어떤 의미일까? 성서에 쓰여 있다는 것은 어떤 의미가 담겨 있다는 뜻이다. 'waters'가 의미하는 것도 1장 2절의 논점 중에 하나다.

1:3 And the God said, Let there be light: and there was light.
(하나님이 이르시되 빛이 있으라 하시니 빛이 있었고)

신이 'Let there be light(빛이 있으라.)'고 말하는 장면이 있다. 이 구절에서는 어떤 논점을 생각할 수 있을까.

이 구절에 대해서 자주 토론되는 내용은 '왜 여기서 신은 말을 해야만 했을까?'라는 의문이다.

성서에 'said'라는 단어가 적혀 있으니까 신이 직접 말한 것은 분명하다. 신은 전지전능하다. 전지전능한 존재라면 일일이 말하지 않고도 세상을 뜻대로 움직일 수 있을 것이다. 그런데도 굳이 신이 직접 말을 꺼낸 이유는 무엇일까? 왜 신은 손을 흔들거나, 바람을 일으키거나, 헛기침을 하거나, "야!"라고 부르지 않고 'Let there be light(빛이 있으라.)'는 긴 문장으로 말했을까?

천지를 창조하는 데 왜 말이 필요했을까? 여기서 '말'이란 무엇일까? 우주창조는 물리적인 자연현상일까 아니면 어떤 뜻이 있어서일까. 그 뜻이 의미하는 게 혹시 '말'은 아닐까?

그렇다면 '빛이 있으라.'가 우주창조의 목적일까, 그러면 '빛이 있으라.'는 무엇을 의미하는 걸까? 한 학생이

"신은 우리에게 '말'을 주셨다. 그리고 신은 이 장면을 통해서 우리에게 '말'의 소중함을 깨우쳐 주기 위해 일부러 말을 한 것이다."

라며 자신의 의견을 내놓았다. 그러자 "천지를 창조하는 데 있어서 그렇게 말이 중요했을까?"라며 다른 학생이 질문을 던졌다. 이런 식으로 말의 중요성에 대해서도 약 하루에 걸쳐 토론이 진행되었다. 전지전능한 신조차 천지를 창조할 때 말이 필요했다, 하물며 인간에게 있어서 말은……. 토론은 이런 식으로 계속 진행되었다.

유대인들은 이러한 토론을 통해서 우주 기원에 있어서 말의 중요성을 깨닫게 되었다. 그리고 유대인은 '말'이란 무엇인가를 생각했다. 〈Class 1〉에서 소개한 '손과 다리와 눈과 입, 이 중에 가장 중요한 부분은 어디일까?'의 설화를 떠올려보자. 어미 사자의 젖을 얻으러 간 사내의 두 손과 두 다리, 두 눈과 입이 주도권을 놓고 싸우는 이야기 말이다.

이 설화는, 입은 재앙인 동시에 상대방을 설득할 수 있는 유일한 기관이라는 사실을 가르쳐 준다. 인간과 동물을 구별하는 가장 중요한 수단은 언어이다. 그리고 신도 언어를 구사하기 때문에, 인간과 신은 대화가 가능했던 것이다.

인간과 신이 주고받는 언어가 기도라면, 인간이 인간과 주고받는 언어란 도대체 무엇일까? 명령일까, 부탁일까, 감동일까? 신조차

천지창조를 위해 긴 문장의 언어를 사용했는데 하물며 인간이 '문답무용(問答無用)'으로 행동해서는 안 된다. 다른 사람을 움직이기 위해서는 군사력이 아니라 말이 필요하다는 논리도 여기서 생겨났다.

'혀끝에 행복이 있다.'는 유대인 격언을 앞에서 소개했었다. 이 격언에서 알려주는 것처럼 침묵을 지키고 있으면 행복은 멀리 도망간다. 온갖 수단으로 언어를 구사해 행복을 끌어 모아야 한다. 그렇기 때문에 유대인은 많이 말하고, 많이 반론하고, 많이 주장하는 것이다.

1장 3절에는 더욱 더 중요한 논점이 있다.

1장 3절부터 1장 5절까지 다시 한 번 천천히 읽어보고, 어떤 의문이 드는지 생각해 보자.

1:3 And the God said, Let there be light: and there was light.
1:4 And God, looking on the light, saw that it was good: and God made a division between the light and the dark. 1:5 Naming the light, Day, and the dark, Night, And there was evening and there was morning, the first day.
(1장 3절: 하나님이 이르시되 빛이 있으라 하시니 빛이 있었고
1장 4절: 빛이 하나님이 보시기에 좋았더라 하나님이 빛과 어둠을 나누사
1장 5절: 하나님이 빛을 낮이라 부르시고 어둠을 밤이라 부르시니라 저녁이 되고 아침이 되니 이는 첫째 날이니라.)

특히 1장 3절과 1장 5절을 주의 깊게 읽어보자.

1절 3장에서 신은 'Let there be light(빛이 있으라.)'고 말했다. 그러나 1장 5절에서는 'And there was evening and there was morning,(저녁이 되고 아침이 되니)'라고 말했다. 즉 아침보다 밤이 먼저 태어났다고 쓰여 있다. 한 마디 한 구절을 천천히 읽어보면 논리가 맞지 않는다는 걸 알 수 있다. 'Let there be light'라고 신이 말했다면, 이 부분은 'And there was morning and there was evening,'과 같이 밤보다 아침이 먼저 와야 한다. 그러나 밤이 아침보다 먼저 와 있다.

여기서 한 가지 의문이 든다. 신은 왜 'Let there be darkness(어둠이 있으라.)'고 하지 않고 'Let there be light(빛이 있으라.)'고 말했을까? 신은 왜 어둠이 아니라 빛이 있는 세계를 세일 먼저 만들었을까? 신이 만들려고 했던 빛이 있는 세계란 도대체 무엇일까?

이것이 논점이다. 이 논점에 대한 자세한 토론은 Class 6에서 소개하겠다.

이상 유대인이 어떤 토론을 벌이면서 〈구약성서〉를 읽는지를 보여주었다. 이제 한 마디 한 구절을 비판적으로 정독한다는 의미가 무엇인지 잘 알았을 것이라 생각한다. 여기에서 소개한 논점은 극히 일부분에 속한다. 독자 중에서도 다른 논점을 발견한 사람이 있을 것이다.

스스로 논점을 찾고 사고하는 것이 중요하다.

이렇게 논점을 찾는 방법을 일상생활에서도 꼭 실천해 보기를 바란다. 책을 읽을 때나 뉴스를 볼 때, 이전처럼 모든 일을 그대로 받아들이지 말고 한 마디 한 구절에 비판적인 시선을 던져보자. 비판적인 시선으로 바라보아야 생각할 논점을 많이 찾을 수 있기 때문이다.

유대인은 뉴스를 볼 때 이런 생각을 하면서 본다.

'뉴스는 사람이 쓴 것이다. 그렇기 때문에 뉴스에도 분명 작가의 생각이 들어가 있다. 신의 진리가 아니다.'

이런 비판적인 시각을 참고하기를 바란다.

Why 그럼 어떻게!

모든 일을 그대로 받아들이지 말고 한 마디 한 구절에 비판적인 시선을 던져보자. 비판적인 시선으로 바라보아야 생각할 논점을 많이 찾을 수 있기 때문이다.

과연 누가 나쁜 사람일까?

지금까지 성실하게 공부해 온 모범생이 있다. 그 학생은 길을 걷다가 문득 자물쇠를 잠가놓지 않은 문이 살짝 열린 집을 보고 호기심이 발동해 그 집 안으로 들어가 물건을 훔쳐서 나왔다. 결국 경찰에게 붙잡혀 재판을 받게 되었는데, '호기심'이라는 변호사의 말은 재판에서 통하지 않았다. 그 학생은 유죄판결을 받았고, 대학에서도 퇴학 처분이 내려져 취직도 못 하게 되었다. 결국 마음이 피폐해졌고 이번에는 스스로 도둑이 되고 말았다.

재범으로 붙잡혀 교도소에 장기 복역하게 된 그는 결국 교도소를 들락날락거리며 남은 인생을 보냈다. 그리고 그의 범죄로 인해 몇 사람이나 물건을 빼앗긴 피해자가 되었다.

Problem

여기서 나쁜 사람은 도대체 누구일까? 그 근거를 들어 말해 보자. 법률이 아닌 신의 논리와 문제로 토론해 보자.

논점에서 본질에 가까워지는 방법

이 이야기는 랍비 헨리 노아가 유대교 수업 시간에 내준 문제이다. 상식적으로 생각해 보면 학생이 나쁜 사람이다. 법률적으로도 '문을 잠그지 않은 사람은' 어떤 범죄도 저지르지 않은 피해자일 뿐이다. 그러나 노아는 "신이라면 어떻게 했을까?" 하고 질문했다.

유대인에게 있어서 '신'이란 '인간의 상식을 넘어선 존재'이다. 그래서 보통 인간이 신의 생각을 이해하기란 힘든 일이다. 그러나 신의 관점에서 생각하면 '어쩌면 신은 이렇게 생각했을지도 몰라.', '이 이야기에 다른 측면이 있을지도 몰라.' 하고 다양한 각도에서 보는 시각이 생긴다.

〈Exercise 7〉의 문제를 신의 관점으로 생각해 보면 '문을 잠그지 않은 사람'의 행동이 모든 문제의 발단이었다는 견해가 생길 가능성도 있다.

깜박하고 문을 잠그지 않은 행동이, 한 학생의 인생을 바꾸어놓았고 또 많은 피해자를 낳았다. 또한 피해자가 발생할 때마다 경찰이 출동했고, 재판소와 교도소를 들락날락거리면서 사회적으로 엄청난 세금을 낭비해야 했다. '문을 잠그지 않은 사람'이 이런 모든 원인을 만든 거 아닐까.

학생이 범죄자가 된 데에는 다른 요인이 있지 않을까. 토론은 이러한 생각으로 번졌고, 범죄자를 비판하는 것이 아니라 범죄의 재발 방지에 대한 긍정적인 토론이 이어졌다. 모든 일에는 여러 가지 측면이 있다.

'선'으로 보였던 것이 '악'의 얼굴을 하고 있을 때도 있고, 행복이라고 생각했던 것이 불행의 씨앗일 때도 있다. 반대로 위기가 기회일 때도 있다. 한 측면으로만 보는 것이 아니라 다양한 측면으로 보는 시점이 신의 관점이다.

다음과 같이 생각해 보면 좋을 것이다.

신이 인간을 초월한 존재라면, 신의 관점으로 인간사회의 상식과 여론을 풀어낼 수 있다. 즉 신의 관점이란 우리가 가지고 있는 사고의 벽, 상식과 여론이라는 굴레에서 벗어나 '다양한 차원으로' 생각하는 힘이다.

신의 관점으로 바라보면, 틀에 박힌 사고에서 벗어나 다양한 각도에서 문제를 해결하는 능력이 생긴다.

논점의 중요도를 파악하자

앞에서도 말했듯이, 논점을 파악하는 가장 중요한 방법은 한 마디 한 구절을 비판적으로 바라보고 심사숙고하는 것이다. 그렇게 해서 잡은 논점이 요점에서 벗어나 있거나 중요도가 낮다면, 아무리 토론을 벌여도 사고는 깊어지지 않는다.

따라서 유익하고 효과적인 해결책도 보이지 않게 된다. 요점에서 벗어난 토론은 문제의 본질을 파악하지 못해 사고를 정지 상태로 만들기 때문이다.

논점은 가능한 요점에서 벗어나지 않은, 중요도가 높은 것이어야 한다. 한 가지 측면이 아니라 다양한 측면에서 문제를 보고 여러 개의 관점으로 생각하는 것, 이것이 논점사고에 꼭 필요한 발상법이라고 말할 수 있다.

💡 다른 관점으로 생각하자

예를 들어 다음과 같은 경우에는 어떻게 해야 할까?

학생 두 명이 같이 사막에 갔다. 한 학생은 조심성이 많은 성격이라 만일을 대비해 물통을 챙겨 왔다. 그리고 다른 한 학생은 목적지에 도착하면 물을 마실 수 있고, 목적지까지 그리 멀지 않다는 생각에 물통을 가져 오지 않았다.

그러나 사막에서 길을 잃어 헤매게 되었고, 결국 탈수상태가 심해져 물 없이는 구조를 기다리기 힘든 상태가 되었다. 물통에는 한 사람의 목숨만 살릴 수 있는 물밖에 없었다. 이때 다른 한 사람에게도 물을 나누어줄 수는 없었을까?

물을 나누어줄 수 없다는 것은 신의 논리에 반영한 것일까, 인간이 정해 놓은 법률에 반영한 것일까?

결과를 먼저 말하면 물을 나누어주지 않은 청년이 구조되었다. 매스컴에서는 구조된 청년을 나쁜 사람으로 몰며 악마 같은 사람이라고 보도했다.

'두 사람 모두 죽더라도 물을 나누어 마시는 것이 인간된 도리다.

물을 나누어주지 않은 이 청년을 살인죄로 기소시켜야 한다.'

신문에는 이렇게까지 보도되었다. 매스컴의 보도만 믿고, 구조된 청년은 나쁜 사람이라고 쉽게 단정할 수도 있다. 그러나 신의 관점 즉 다른 차원에서 이 사건을 생각하면 다른 논점이 떠오른다. 다양한 관점으로 토론하면 문제의 본질에 가까워질 수 있다.

〈탈무드〉에서는 이 사건에 대해 어떤 토론을 벌였을까? 매스컴에서 이야기한 것처럼 결론을 한 가지만 내놓지 않았다.

'물은 조심성이 많은 청년의 것이기 때문에 두 사람에서 나누어 마실 필요는 없다. 두 사람 모두를 구할 수 없다면 신은 준비성이 철저한 인간을 구할 것이다.' 라는 설도 있다.

〈구약성서〉에는 신은 준비성이 철저한 사람만을 구원한다는 유명한 일화가 있다.

신은 성적으로 문란하고 도덕적으로 퇴폐한 도시인 소돔 마을을 유황불로 불태워 마을사람들을 몰살시키려고 했다. 그때 탈출을 허락받은 롯의 가족은 '절대 뒤를 돌아보지 말라.'는 신의 명령에 따라 앞만 보고 달려가 탈출에 성공했다. 그러나 롯의 아내만이 달려가던 도중 뒤를 돌아봐 마을이 불타는 모습을 보게 되었고, 그 자리에서 소금 기둥으로 변했다.

신은 왜 조심성이 많은 사람을 좋아하는 걸까? 신의 의도는 무엇이었을까? 나름대로 그 의견을 생각해 보자.

Why 그럼 어떻게!

논점은 가능한 요점에서 벗어나지 않은, 중요도가 높은 것이어야 한다. 한 가지 측면이 아니라 다양한 측면에서 문제를 보고 여러 개의 관점으로 생각하는 것, 이것이 논점사고에 꼭 필요한 발상법이라고 말할 수 있다.

CLASS 3

침착하고 깊은 사고를 지니기 위한 기본

사고의 틀을

깨뜨리자

차례는 왜 순서대로 나와 있는 걸까

당신이 초등학교 국어 교사가 되었다고 가정해 보자.
어느 5학년 학생이 교과서에 적힌 목차를 보고
"선생님, 목차는 왜 이 순서대로 나와 있는 걸까요?" 하고 물었다.
학생의 질문에 당신은 뭐라고 대답할 것인가?

유연한 사고를 갖고 던지는 질문

일반적으로 학교 수업은 교과서에 적힌 목차대로 진행된다. 어렸을 때, 이런 순서에 의문을 품은 적은 없었는가. 교과서에 적힌 내용과 교사의 말은 정확하다. 대부분의 사람들은 그렇게 교육받으며 자라왔다. 교과서의 순서에 의문을 품지 않고, 설령 위화감이 들어도 손을 들어 질문하지 못하고 교사의 지시에 따라 교과서를 펼친 후 칠판에 적힌 글씨를 그대로 공책에 옮겨 적었을 것이다.

그러면 유대인 학생들은 어땠을까? 모든 것을 토론의 대상으로 삼는 유대인 아이들이라면 "왜 학교 수업은 교과서에 적힌 순서대로 하는 걸까?" 하고 질문했을지도 모른다. 이런 질문에 대해서 우리는 뭐라고 대답할 수 있을까?

① "목차대로 수업하는 것은 당연하잖아."라며 질문을 무시한다.
② "쓸데없는 질문으로 수업을 방해하지 마라. 넌 선생님이 시키는 대로 수업을 따라오면 돼."라며 집단 규율을 깨트린 행동에 주의를 준다.
③ "그럼 너는 수업을 어떤 순서로 하면 좋겠다고 생각하니?" 하고 아이의 생각을 묻는다.

질문의 대답은 크게 두 가지로 나눌 수 있다.

'정해진 순서대로 수업을 진행하는 건 당연하다. 학생들의 생각을 일일이 수업에 반영할 수는 없어.'라며 질문을 회피하는 방법이 있고, '이 학생의 말에도 일리는 있다. 수업의 순서를 바꾸어보는 것도 괜찮을 거 같은데.' 하고 질문을 긍정적으로 받아들이는 방법이 있다.

어느 방법을 선택하느냐에 따라서 자신의 사고의 유연성을 판단할 수 있다. 반드시 교과서에 적힌 목차의 순서대로 수업을 진행해야 하는 걸까. 목차는 학생들의 학습능력을 고려해서 만든 것이기 때문에 그대로 따라야 한다는 한 가지 선택도 있다. 그러나 교실에 여러 학생들이 있는 만큼 가르치는 교사도 다양하다. 절대 모두가 생각이 같을 수는 없다.

학생 한 명 한 명에게 맞는 순서를 생각하고 실천하는 것이 교육의 참 모습이다.

그러나 매년 똑같은 순서대로 수업을 진행하는 동안에 그 방법이 당연하다고 생각하게 되었고, 익숙함에 속아 수업을 효율적으로 진행할 수 없게 되었다. 그래서 결국 '나는 줄곧 이런 순서로 수업을 진행해 왔다. 이 순서가 나에게 가장 잘 맞는 방법이다.'라고 생각하게 된 것이다. 여기에도 사고 정지의 함정이 숨어 있다.

💡 틀에 박힌 생각이 유연한 사고를 방해한다

우리는 무의식중에 사고를 틀 안에 끼워놓고 있다. '굳어버린 사고'란 유연한 사고가 막힌 상태를 의미한다. 예를 들어 굳어버린 사고란 '이것은 이러한 것이다.'라는 확신을 의미한다. '수업은 교과서 목차대로 진행해야 한다.'는 생각도 그 확신 중에 하나다.

일상 대화를 생각해 보자. "보통은 이렇잖아.", "그런 생각은 해 본 적 없는데."라고 자주 말하는 사람은 주의해야 한다. 굳어버린 사고가 머릿속에 박혀 있을 가능성이 크기 때문이다. 특히 "보통은 이렇잖아." 하고 바로 말해 버리는 사람은 이미 사고가 정지해 버렸다고 말할 수 있다.

그 외에도 전례와 관례, 성공사례, 경험측은 모두 사고에 틀을 끼워놓는 행동이다. 과거에는 전례와 경험에 따라 일을 진행해도 되는 시대였지만, 현대는 환경 변화에 따라 스스로를 변화시켜야 하는 시대다. 스스로 변하지 않으면 도태될 뿐이다. 그러나 우리가 엄청난 개선이라고 말하는 것조차도 급변하는 환경 속에서 살아남기 어려운 것들이 많다.

예를 들어 '보다 좋음, 보다 안전함'을 추구하는 개선은, 기존의 틀과 사고방식의 간직한 채 성능과 정확도만을 높인 기술이다. 즉 기술력만 있으면 다른 회사도 충분히 따라할 수 있는 개선이다.

성숙시장에서 이전과 똑같은 제품으로 내놓으면 가격경쟁에 휘말려 황폐해질 뿐이다. 전례 없는 영역을 개척하며 스스로 새로운 시장을 만들어야 한다. 그러기 위해서는 과거의 성공사례는 물론이고 자신의 능력과 정체성조차도 부정해야 할 때가 있다.

여기서 나는 인텔의 명예회장 앤디 그로브가 떠올랐다.

 벼랑 끝에 선 인텔의 결단

인텔은 창업 초기 DRAM 등 메모리칩을 제조했다. 그리고 메모리칩은 인텔의 주력상품이 되었다. 그러나 일본기업 도시바, 히타치, NEC 등이 메모리칩 제조 사업에 뛰어들면서 경쟁이 치열해졌고 결국 인텔의 메모리칩 사업은 악화되어 갔다. 이대로 메모리칩 기업으로 연명할 것인지, 일본기업과 경쟁 속에서 살아남을 다른 길을 모색할 것인지, 인텔은 기로에 섰다.

처음에는 제품의 품질을 높이는 연구 개발에 투자를 늘리면서 위기를 모면할 수 있었다. 그러나 일본기업은 인텔의 기술력을 맹추격

했고, 인텔은 뾰족한 방법을 생각해 내지 못했다. 리고 마침내 인텔은 당시 전부라고 생각했던 메모리칩 사업에서 물러나 새로운 사업 즉 CPU 사업에 뛰어들기 시작했다.

컴퓨터 CPU는 사람으로 치면 대뇌의 중추기관과 같다. 그로브는 인텔이 다음으로 개발해야 할 제품은 CPU밖에 없다고 간파했다. 메모리칩 사업에서 물러난다는 선택은 유대인인 앤디 그로브에게 있어서 쉬운 결정이 아니었다.

미국 도서 『Only the Paranoid Survive - How to Exploit the Crisis Points That Challenge Every Company』(Grove, Andrew S. 지음)에서 결단의 순간을 이렇게 기록하고 있다. 그로브는 인텔 창업자 겸 이사인 고든 무어에게 이렇게 말했다.

"만약 이사회가 우리를 몰아내고 외부에서 새로운 경영자를 데리고 왔다고 하세. 그 경영자는 무슨 일을 가장 먼저 처리할 거라고 생각하나?"

고든은 대답했다.

"먼저 메모리칩 사업에서 손을 떼겠지."

그 대답을 들은 그로브가 이렇게 말했다.

"이 방에서 한 번 나가면 다시는 돌아올 수 없고, 그러면 문제는 스스로 해결해야 되지 않을까."

과거의 업적과 경험을 버리고, '무'에서 다시 시작한다는 것은 대단히 용기 있는 행동이다. 그런 용기가 있었기 때문에 인텔이 세계의 반도체기업 자리에 오를 수 있었다. '한 번 방에서 나가면 다시는 돌아오지 못한다.'는 뜻은, 사고의 틀에서 자신을 해방시키고 유연하고 자유로운 사고를 손에 넣기 위한 필요 의식이었는지도 모른다.

유대인 노예 60만 명이 모세에게 이끌려 이집트를 탈출한 〈구약성서〉의 내용을 '출애굽기(Exodus)', '탈이집트'라고 한다. 사실 출애굽기는 유대인들에게 사고의 틀, 전통, 사고 정지(이집트 노예 상태)에서 자신을 탈출(탈이집트=Exodus)시켜 정신의 자유와 혼의 자유를 이루자는 가르침을 준다.

'이집트'는 지명이기보다도 굳어버린 사고, 해방되지 않은 혼, 구폐 답습, 도전하지 못하는 겁쟁이를 뜻할지도 모른다.

Why 그럼 어떻게!

"보통은 이렇잖아.", "그런 생각은 해 본 적 없는데."라고 자주 말하는 사람은 주의해야 한다. 굳어버린 사고가 머릿속에 박혀 있을 가능성이 크기 때문이다. 특히 "보통은 이렇잖아." 하고 바로 말해 버리는 사람은 이미 사고가 정지해 버렸다고 말할 수 있다.

유월절을 맞이할 수 있을까

 유월절(passover)은 이스라엘 민족이 이집트 노예 생활에서 탈출한 사건을 기념하는 종교 행사다. 이집트에서 탈출할 때, 입던 옷 그대로 도망쳐야 했던 그들은 효모균을 가지고 나올 여유가 없었다. 그래서 유대인들은 가난하고 힘들었던 시절을 잊지 않기 위해 지금도 유월절에는 효모균을 넣지 않은 빵 즉 발효시키지 않은 빵을 먹는다.

 그뿐만이 아니다. 집에서 만든 모든 음식에 효모균을 넣지 말아야 한다. 그래서 유월절을 맞이하는 유대인 가정에서는 발효시키지 않은 빵과 빵 부스러기, 곡식 한 톨도 남기지 않으려고 정성을 다해 청소한다. 효모가 묻어 있는 그릇과 조리도구는 물이 끓고 있는 커다란 솥에 넣어 삶으면서 효모균을 소독한다. 이렇게 말끔히 청소를 마쳐야만 유월절을 맞이할 수 있다. 유월절 전날, 어느 한 가정에서 아버지가 딸에게 이런 질문을 했다.

 "유월절 전날 밤에 빵 조각을 물은 쥐가 거실 구멍에서 나왔단다. 그리고 그 쥐는 순식간에 다른 구멍으로 들어가 버렸지. 과연 우리는 내일 유월절을 맞이할 수 있을까?"

딸은 아버지의 질문에 뭐라고 답했을까?

 사고는 어디까지 유연해질 수 있을까

집 안을 구석구석 청소한 그날 밤, 빵 조각을 물은 쥐가 거실에 나왔다가 사라지는 일이 발생했다. 쥐가 어떻게 해서 빵 조각을 구했는지는 알 수 없다. 청소를 깨끗이 하지 못해서일지도 모른다. 어쨌든 집 안에 빵 조각이 조금이라도 떨어져 있으면 유월절을 맞이할 수가 없다.

그러나 집 안을 다시 청소하기에는 시간이 너무 부족했다.

이 질문은 이 상황에서도 유월절을 맞이할 수 있을까를 묻는다.

딸 : 쥐가 빵을 물고 나갔기 때문에 이제 집 안에 남은 빵 조각은 없을 거예요. 그러니까 내일 예정대로 유월절을 맞이할 수 있어요.

아버지 : 구멍으로 들어온 쥐와 나간 쥐가 같은 쥐라고는 말하지 않았잖아.

이렇게 아버지가 심술궂게 질문을 바꿨다.

구멍으로 들어온 쥐는 검은색 쥐고, 밖으로 나간 쥐는 하얀 쥐라고 희다면 어떻게 될까? 검은 쥐가 물고 온 빵이 아직 집에 남아 있을지도 모르잖아. 구멍으로 들어온 쥐와 구멍을 통해 밖으로 나간 쥐가 같은 쥐라면 딸의 주장이 맞다. 내일은 예정대로 유월절을 맞이할 수가 있다.

그러나 들어온 쥐와 나간 쥐가 다르다면 어떻게 될까? 딸은 아버지의 돌발 문제에 '그래도 예정대로 유월절을 맞이할 수 있다.'는 주장으로 아버지를 설득시켜야만 한다. 그럼 딸은 아버지에게 어떤 반론을 내세워야 할까. 여기 하나의 예가 있다.

딸 : 한 번 더 집을 깨끗이 청소해 보니까 빵은 있지 않았어요. 그렇다면 하얀 쥐는 검은 쥐가 물고 온 빵만 가지고 갔다는 뜻이겠죠. 그러니까 검은 쥐가 물고 들어온 빵과 하얀 쥐가 물고 나간 빵은 같은 거지요. 즉 집 안에 빵은 남지 않았다는 거예요. 그러니까 예정대로 내일 유월절을 맞이할 수 있어요.

아버지 : 하얀 쥐와 검은 쥐가 서로 빵을 주고받았다는 뜻이로구나. 그런데 과연 하얀 쥐와 검은 쥐가 그렇게 사이가 좋을까?

아버지의 질문에 딸은 훌륭하게 반론했다.

딸 : 같은 쥐니까 당연히 사이가 좋겠죠. 그래서 빵을 나누어 먹은 거고. 사자를 생각해 봐요. 사냥한 먹이를 다 같이 나누어 먹잖아요.

아버지는 다시 전제를 바꾸어서 질문했다.

아버지 : 그럼 한 마리가 다른 동물이었다면 어떻게 됐을까? 구멍으로 들어온 동물은 쥐고, 나간 동물은 족제비였다면?

즉 종류가 다른 동물일 경우라도 서로 빵을 나누어 먹었을까 하는 질문이다. 같은 쥐에서 다른 동물로 전제가 바뀐 것이다. 이렇게까지 되면, 머리를 쥐어짜고 고민하는 독자도 있을 것이다. 원래 이 이야기는 구멍에서 쥐가 나왔고, 그 쥐가 다른 구멍으로 들어갔다는 설화다. 그런데 아버지는 족제비를 내세우면서 전제를 바꾸어버린 것이다.

딸 : 족제비는 쥐가 물고 있는 빵을 빼앗았을 거예요. 집 안에는 쥐가 물고 있는 빵밖에 없었기 때문이죠.

아버지 : 그럼 구멍으로 들어온 것이 족제비고, 나간 것은 쥐라면 어떻게 될까? 쥐는 족제비가 물은 빵을 빼앗을 수 있을까?

딸 : 쥐와 족제비는 사이가 좋으니까 빵을 나누어먹었을 수도 있죠. 쥐는 족제비가 물은 빵을 받아들고 다른 구멍으로 나갔을 거예요. 그러니까 집에 남은 빵 조각은 없고, 예정대로 유월절을 맞이할 수 있어요.

〈탈무드〉에서는 이렇게 결론을 맺었다. 당신은 이 토론을 어디까지 이해하면서 따라왔는가? 아무리 전제가 바뀌었다고 해도 입을 다물면 안 된다. 전제가 바뀌어서 입을 다물었다면 사고가 정지했다는 증거이다. 〈탈무드〉에 나오는 토론도 여러 번 전제가 바뀌었다.

두뇌를 필사적으로 회전시키고 질문을 물고 늘어져야 유연한 사고를 가질 수 있다. 여기서 소개한 토론은 유연한 사고뿐만 아니라 아이들에게 동물학을 가르쳐주는 목적도 있다. 토론을 통해서 종이 다른 동물이 서로 먹이를 나누어먹을 수 있는지 없는지를 아이들에게 가르쳐주기 때문이다.

실제로 종이 다른 동물들이 서로 먹이를 나누어 먹을 수 있는지에 대해 연구한 동물학자가 있다. 그의 연구에 따르면, 사자와 개코원숭이가 먹이를 나누어 먹는 모습이 관찰되었다고 한다.

같은 색의 쥐는 모자관계이거나 형제관계일지도 모른다. 그러한 경우에는 먹이를 서로 나누어 먹는다고 한다. 그러나 검은 쥐와 하얀 쥐처럼, 서로 관련이 없는 경우라면 어떨까. 게다가 쥐와 족제비처럼 종이 다른 동물이라면 어떨까?

유대인 가정에서는 식탁에 둘러앉아 항상 이러한 토론을 벌인다. 그럼 우리나라 학교와 가정은 어떨까.

💡 우선 No라고 말하자

유대인에게는 다음과 같은 격언이 있다.

무엇이라도 우선 'No'라고 말하자. 먼저 'No'라고 말하면 며칠이 지난 후에 'Yes'라고 바꿀 수 있다. 먼저 'Yes'라고 말하고 나중에 'No'라고 바꾸면 상대방은 화를 내지만, 'No'를 'Yes'라고 바꾸면 아무도 화를 내지 않는다.

그러나 'No'라고 말할 때는 반드시 'because'를 잘 설명해야 한다. 거절할 때에는 상대방이 납득할 만한 이유를 말해야 한다. 그리고 'Yes'라고 말했다면 반드시 그 말을 지켜야 한다.

유대인들은 심술쟁이처럼 무엇이든지 'No'라고 말하는 민족이다. 그러나 그들이 심술궂지만은 않다. 'No'에는 반드시 'because'라며 자신의 이론을 설명하기 때문이다.

서양에서는 어렸을 때부터 'No'와 'because' 사고를 키우는 훈련을 한다. 아이가 "이 과자 먹고 싶어."라고 말하면 부모는 우선 'No'라고 대답한다. 그리고 "왜 먹고 싶은데?" 하고 아이에게 묻는다. 그러면 아이는 'because'라는 먹고 싶은 이유를 이야기한다. 부모를 납득시키는 이유가 아니면 아이는 과자를 먹을 수 없다.

그렇기 때문에 아이는 필사적으로 과자가 왜 먹고 싶은지를 생각해야만 한다. 대부분의 우리나라 사람들은 'No'라고 말하지 못한다. 'No'라는 말은 상대방을 부정하는 대답이라고 생각하기 때문이다. 그렇다고 확실하게 'Yes'라고 대답하지도 않는다. 먼저 나서서 이야기하지 말고 그때의 분위기와 상황을 보고 어떤 결론이 나올지 지켜보자는 풍조가 강하기 때문이다.

이제부터는 'No'라고 말해 보자. 세상의 일반적인 상식, 전례, 과거의 성공 경험, 업계에서 오랫동안 전해오는 관습 등 모든 것에

'No'라고 말해 보자.

이것은 상대방을 부정하기 위한 'No'가 아니다. 'because'라고 말할 기회를 늘리기 위한 'No'다. 자신인 말한 'No'에 책임을 다해, 이유를 설명하고 상대방을 납득시키면 된다.

아침에 결정한 일을 저녁에 바꾸는 것을 '조령모개'라고 한다. '아침에 명령을 내렸다가 저녁에 다시 고친다.'는 뜻으로 부정적인 의미로 들릴지 모르지만, 중요한 방향성이나 방침에 있어서 조령모개는 절대 나쁘지 않다.

그것을 '천변만화'라고 한다. 저녁이 되어 상황이 바뀌면 당연히 방법도 바꾸어야 한다는 뜻이다. 바뀐 상황 속에서도 같은 방법을 고수하는 것은 상황을 더욱 더 악화시키는 태도다.

조령모개를 좋아하는 직장 선배가 있다면 '자꾸 이랬다저랬다 해서 일을 힘들게 만든다.'며 화를 내지 말고, 사고를 유연하게 단련시킬 좋은 기회라고 생각하자. 유연한 사고를 위해서는 조령모개도 유용하게 쓰일 수 있다.

Why 그럼 어떻게!

세상의 일반적인 상식, 전례, 과거의 성공 경험, 업계에서 오랫동안 전해오는 관습 등 모든 것에 'No'라고 말해 보자. 이것은 상대방을 부정하기 위한 'No'가 아니다. 'because'라고 말할 기회를 늘리기 위한 'No'이다.

바다를 건넌 모세, 과연 이 기적을 믿는가?

열 개의 재앙이 눈앞에 닥치자 공포에 휩싸인 이집트 왕은 마침내 이스라엘 노예들을 풀어주었고, 이스라엘 사람들은 모세의 손에 이끌려 이집트를 떠난다. 그러나 그것도 한순간이었다. 이집트 왕은 노예들을 풀어주겠다는 말을 번복했고, 이집트 군에게 이스라엘 사람들을 잡아오라고 명령한다. 이스라엘 사람들은 홍해 연안까지 도망쳤고, 이집트 군은 그들의 뒤를 바짝 뒤쫓았다.

이스라엘 사람들이 궁지에 몰렸을 때 기적이 일어났다. 모세가 신에게 기도를 드리자 홍해가 반으로 갈라진 것이다. 이스라엘 사람들이 무사히 홍해를 건너가자 바다는 다시 하나가 되었다. 그리하여 이스라엘 사람들을 뒤쫓아 홍해를 건넜던 이집트군은 전부 바다에 빠져 죽게 되었다.

Problem

〈구약성서〉에 나온 이 기적을 당신은 믿을 수 있겠는가.
만약 믿는다면 그 이유를 말해 보자.

홍해를 건너는 일, 정말 있을 수 없는 일일까

〈구약성서〉에는 '초현실적 현상'이라고밖에 말할 수 없는 이야기들이 많이 쓰여 있다.

누구나 '노아의 방주'를 들어본 적이 있을 것이다. 화가 난 신이 지상에 대홍수를 일으켰고 신의 계시를 받은 노아와 그의 가족만이 나무로 만든 거대한 방주에 올라 타 살아남을 수 있었으며, 그 이외의 모든 인간은 물에 빠져 죽었다는 이야기다.

이 이야기를 믿을 것인가, 아니면 그저 만들어낸 이야기라며 대수롭지 않게 넘길 것인가. 유대인들은 〈구약성서〉에 쓰인 초현실적 내용들을 전부 사실로 인정한다. 정말로 있었던 일이라고 믿는다.

유대인들은 기적에는 반드시 신이 있다고 생각한다. 우연처럼 보이는 일도 사실은 필연으로 생긴 것이고, 인간 사회에 일어난 일은 모두 신의 손을 거친 일이다. 이것이 유대인들의 생각이다. 바다가 갈라지는 현상은 상식적으로 있을 수 없는 일이다. 그런 당치도 않은 이야기는 믿을 수 없다. 이 이야기를 믿는 사람이 이상한 것이다.

대부분의 우리나라 사람들은 이렇게 생각한다.

그러나 세계를 둘러보면, 바다가 갈라지는 현상과 비슷한 일이 현실에서도 일어나고 있다.

저기압 지표를 나타내는 헥토파스칼이란 단위가 있다. 보통 1,100헥토파스칼인 지역에 950헥토파스칼의 저기압 태풍이 불면 바다는 150센티미터 상승한다. 그리고 허리케인 바람은 폭풍 전면에 있는 바닷물을 밀어 올린다. 허리케인 바람이 바닷물을 1미터 밀어 올리면 바다 높이는 합계 2.5미터 상승한다. 만조 때와 겹치면 바다 높이는 4~6미터 상승한다. 거기에 지진에 따른 파동이 더해지면 바다 높이는 평균 10~20미터 상승하고, 그렇게 되면 맨해튼은 전멸하게 된다.

2012년 거대한 허리케인이 미국을 덮친 적이 있었다. 바다의 수위가 상승하면서 뉴욕 맨해튼 남부가 수몰되는 큰 피해를 낳았다. 이때 맨해튼 남부의 수위는 최고 13.88피트(4.2미터)까지 상승했는데, 과거에는 38피트(11.8미터) 수위 상승을 기록한 허리케인이 맨해튼을 덮친 적도 있다고 한다.

맨해튼에서 수위가 10미터 상승했다는 것은, 세계 어딘가의 바다 수위가 10미터 낮아졌다는 것을 의미한다. 이것은 홍해가 반으로 갈라진 현상과 매우 비슷하다.

즉 바다의 수위가 극적으로 바뀌었다는 것이다. 홍해의 수위가 얼마만큼 낮아져야 인간이 바다를 건널 수 있을까. 예를 들어 수위가 30미터 낮아진 홍해를 보고 '갈라졌다.'고 할 수 있다면, 세계 어딘가에 있는 바다 수위를 30미터 높이면 된다.

이렇게 생각하면 절대 있을 수 없는 현상도 아니다. 실제로 큰 해일이 육지를 덮치기 직전에 바다 수위를 놀라울 정도로 떨어트리는 거대한 썰물 현상이 일어나 바다 속이 훤히 노출된 적도 있다고 한다. 이러한 상태일 때 유대인들은 바다가 갈라졌다며 홍해를 건넜고, 그 후에 반대로 해일이 일어나 바다를 건너있던 이집트군은 파도에 휩쓸리게 된 것일지도 모른다.

이렇게 생각하면 충분히 있을 수 있는 자연현상으로 '예상했던 일'이 된다.

 예상 밖의 일이란 존재하지 않는다

〈구약성서〉에는 이런 내용도 실려 있다. 신이 아브라함 앞에 나타나 이렇게 말했다.

"너의 아내 사라는 내년에 아이를 낳을 것이다."

그때 아브라함의 나이는 99세였고 사라는 89세였다. 그 말을 몰래 듣고 있던 사라는 '나도 남편도 이렇게 늙었는데, 아이를 낳을 거라니.' 하고 속으로 비웃었다. 그러나 신이 말한 대로 사라는 임신을 했고, 다음 해 아들을 낳았다. 그리고 그 아들에게 이삭이라는 이름을 붙였다.　　(창세기에서)

100세인 아브라함과 90세인 사라 사이에서 아이가 태어났다. 유대인들은 성서에 나온 이 내용도 믿고 있다. 왜냐하면 신이 사라의 난자를 젊게 만들었다고 생각하기 때문이다. 어떻게 난자가 젊어졌는지 현대 과학으로는 설명할 수 없지만, 그것이 사라의 출산을 부정하는 이유가 될 수는 없다. 어쨌든 기적은 일어났다.

그밖에도 유대인들이 이 기적을 믿는 이유는 따로 있다. 사라가

낳은 아들은 이삭이고, 이삭의 아들은 야곱이다. '이스라엘은' 야곱이 신과 씨름을 벌인 후에 새로 얻은 이름이다. 그래서 야곱은 유대인의 조상이 된 인물이다. 유대인의 역사가 4천 년이 넘었으니, 사라의 출산 이야기는 4천 년을 뛰어넘어 현대의 유대인들에게까지 전해 오는 설화다.

현대 유대인은 성서에 나온 수많은 이야기를 '지어낸 이야기'라며 부정하지 않고, 정말 있었던 일이라며 믿고 있다. 그들은 그러한 이야기의 연장선 위에 우리가 존재한다고 생각하고 있다.

노아의 방주도, 사라의 출산도, 바다를 건넌 모세도 마치 어제 일어난 일처럼 여긴다. 유대인들은 논리를 좋아하기 때문에 '바다가 정말 갈라졌다면, 어떠한 이유에서 그런 일이 벌어진 건지.' 하고 생각하고, 신이 어떠한 작용을 했는지 알려고 한다.

이것은 현대인을 지배하는 답답한 상식에는 조금도 미치지 못하는 사고이다. 유대인의 자유롭고 유연한 사고는, 성서에 나오는 터무니없는 이야기에 대해서까지 토론을 벌이는 유대인 특유의 사고 습관 덕분이다. 따라서 유대인의 머릿속에는 '예상 밖의 일'이 존재하지 않는다.

'예상 밖의 일'이 가득한 〈구약성서〉를 열독했기 때문이다.

큰 해일이 덮쳐 와도 유대인들은 '예상 밖의 일이다.'고 말하지 않는다. 만약 그런 말을 한다면 "너, 〈구약성서〉 안 읽었어? 그러고도 네가 유대인이야?"라는 대답이 돌아올 뿐이다.

가능성을 부정하는 순간 사고는 멈춘다

모세가 바다를 건넜다는 이야기도, 사라가 90세에 아이를 낳았다는 이야기도 "이건 있을 수 없는 일이야!" 하고 부정해 버리는 순간 사고는 멈춘다. 정말 있었던 일인지 아닌지는 아무도 알지 못한다. 그러나 '그럴지도 모르지.'라고 생각하면 '어떻게 그런 일이 일어날 수가 있지?'라는 적극적이고 창조적인 사고와 마주할 수 있다. 가능성을 부정하지 말고 '그럴지도 모르지.'라는 긍정적인 측면으로 빛을 비춰보자. 이것이 자유롭고 유연한 사고발상의 시작이다.

노아의 방주를 예로 들어 생각해 보자. 지상을 덮칠 대홍수에 대비해 노아와 그의 가족들은 거대한 방주를 만들었다. 아마 전투함보다도 큰 배일 것이다.

왜 신은 노아 가족들에게 거대한 배를 만들라고 했을까. 그것은 지상에 있는 모든 동물을 태우기 위해서였다. 배에 올라 살아남은 사람은 노아 가족 다섯 명밖에 없다. 나머지는 모두 동물이었다. 동물을 태운 것은 인간보다 동물이 우선시되었기 때문이다. 신이 천지를 창조할 때, 하늘과 땅을 만든 다음 동물을 만들었고, 인간은 그 후에 만들었다. 〈구약성서〉에도 동물이 인간보다 우선시되어야 한다고 쓰여 있다.

그럼 노아의 방주 이야기를 믿는 사람들은 지금 무슨 생각을 하고 있을까. 나사(NASA)의 화성 이주 계획은 노아의 방주와 비슷한 발상이 아닐까.

지구는 언젠가 멸망한다. 그때 인류의 존속을 위해 화성으로 보내질 사람은 누구일까. 아마 우수한 학자부터 시작해 남녀 열 몇 명 그리고 동물과 식물일 것이다. 노아의 방주를 재현한 것이다.

지금 하는 말은 어디까지나 내 추측이지만, 성서에 나오는 '초현실적 현상'에 대해 매일매일 토론을 벌이는 유대인들이라면 이러한 발상도 가능하다고 생각한다. 발상의 크기에 도전하지 못하면, 절대 세계를 상대로 도전하지 못한다.

Why 그럼 어떻게!

'그럴지도 모르지.'라고 생각하면 '어떻게 그런 일이 일어날 수가 있지?'라는 적극적이고 창조적인 사고와 마주할 수 있다. 이것이 자유롭고 유연한 사고발상의 시작이다.

PART 2

싸우는 힘,
살아남는 힘을 배우자

문제해결편

CLASS 4
문제를 떠올리는 힘의 기본

감정에 흔들리지 말고

냉정하게 떠올리자

Exercise 11

과연 어떻게 해야 정당한 걸까?

 전철역에서 선로에 떨어진 사람을 귀하기 구하기 위해 선로 아래로 뛰어든 청년이 달려오던 전철에 치어 목숨을 잃은 사고가 일어났다. 국가는 청년의 용기 있는 행동에 박수를 보내며 표창을 수여했다. 당신은 자신의 목숨을 돌보지 않고 인명구조에 나선 이 청년에게 국가가 표창하는 것이 정당하다고 생각하는가?

💡 매스컴에 흔들리지 않을 수 있을까

 십몇 년 전 일본에서 있었던 일이다. 전철 선로에 떨어진 사람을 구하기 위해 선로로 뛰어든 남성 두 명이 달려오던 전철에 부딪혀 사망하는 사고가 일어났다. 그중 한 명은 한국인 청년이었고, 일본이라는 타지에서 일어난 '용기 있는 행동'은 미담이 되어 한국과 일본 양 국가에서 화제가 되었다. 유가족 두 명은 일본 총리대신이 수여한 감사장을 받았다.

 또한 최근에도 철도 건널목에 서 있던 고령 남성을 구하기 위해 기차로 뛰어들어 사망한 여성에게 총리대신이 감사장과 홍수 포장

(위험을 무릅쓰고 사람의 목숨을 구한 사람에게 주는 붉은 리본이 달린 기장—옮긴이 역)을 수여했다.

인명구조로 목숨을 잃은 사람에게 국가가 표창을 수여하는 일이 정당하다고 생각하는가?

이것은 내가 강연을 시작할 때 청중에게 묻는 질문이다.

우리나라에서는 이러한 질문을 하는 사람이 없을 것이다. 대부분의 사람들은 자신의 목숨을 버리면서까지 인명구조에 나선 사람들의 용기 있는 행동에 감동하고, 그들이 목숨을 잃은 결과에 동정한다. 왜 온 국민이 하나같이 칭찬을 하는지, 표창장을 수여해야 하는지 등 동정과 다른 의견을 내놓으면 '그런 발상을 하는 것 자체가 이상하다.', '자신의 목숨을 희생하면서까지 누군가를 구한 사람을 모욕하는 것이냐.' 며 오히려 비난이 쏟아진다.

나는 이런 경직된 공기를 매우 위험하다고 생각한다. 물론 자신의 위험을 무릅쓰고 다른 사람의 목숨을 구한 행동은 훌륭하다. 그러나 목숨을 내던지면서까지 다른 사람을 구한 행동과, 국가와 사회가 그 행동을 칭찬하는 일은 별개의 문제다. 두 문제를 따로 떨어트려 놓고 생각해야만 한다. 그럼에도 불구하고 '용기 있는 행동'에 너무 감동하고 동정한 나머지 문제에 대해 냉정하게 토론할 수 없게 되었다면 감정에 치우친 위험한 상황에 빠졌다는 신호다.

내가 강연을 시작할 때 묻는 이 질문은, 사람을 구한 행동의 옳고 그름을 묻는 질문이 아니다. 그 행동에 국가가 표창을 수여하는 일에 대한 옳고 그름 즉 자신의 목숨을 던지면서까지 다른 사람을 구한 행동을 칭찬하는 사회가 옳은 것인지, 그렇게 생각하는 사회에 문제가 있지는 않은지를 묻는 질문이다.

나는 국가가 과도한 칭찬을 하지 않는 행동이 옳다고 생각한다. 만약 우리가 같은 상황에 처해 있다면 어떻게 했을지 냉정하게 생각해 보자. 역 플랫폼에서 옆에 있던 사람이 실수로 선로에 떨어졌다. 플랫폼에는 나밖에 아무도 없다. 지금 전철이 선로 안으로 들어오려 하고 있다. 선로로 뛰어든다면 나의 목숨도 위험해진다.

이런 상황에 놓인다면 우리는 선로에 떨어진 사람을 구하러 뛰어들 수 있을까.

자신의 목숨을 버리면서까지 다른 사람의 목숨을 구하는 행동을 칭찬하고, 그 행동이 옳다고 생각하는 사회라면 어떨까. 만약 우리가 사람을 구하려 선로에 뛰어들지 않았다면 '사람이 떨어진 것을 보고도 못 본 척하다니, 비정하고 이기적인 사람이다.'라며 살인자 취급을 받을지도 모른다.

현대는 감시카메라가 우리의 행동을 전부 지켜보고 있는 시대다. 사회의 눈에서 도망칠 수가 없다. 구조에 나서지 않은 우리의 모습이 누군가의 스마트폰에 찍혀 곧바로 전 세계 어딘가로 동영상이 퍼져나갈지도 모른다. 그리고 웹 사이트에서는 '살인자'라는 비난이 쏟아질 것이다.

이러한 사회를 건강한 사회라고 말할 수 있을까.

흔들리지 않으려면 스스로 생각하자

〈탈무드〉에서도 위의 내용과 비슷한 토론이 벌어졌다.

어느 한 청년이 넓은 사막을 걷고 있었다. 그의 물통에는 다음 마을에 도착할 때까지 필요한 아주 적은 물밖에 들어 있지 않았다. 그 청년은 사막을 걷던 중 방향감각을 잃고 헤매는 여행자를 만났다.

"며칠 동안 물을 마시지 못했어요. 목이 말라 죽을 거 같은데, 그 물통에 든 물 좀 나눠 마시면 안 될까요?"

이렇게 간절하게 부탁하는 여행자에게 청년은 물을 나눠줘야 할까. 여행자에게 물을 나눠주면 청년은 다음 마을에 살아서 도착하지 못할지도 모른다. 그러나 물을 나눠주면 여행자의 목숨을 구할 수 있다. 구조를 요청한 사람을 죽일 것인가, 아니면 자신의 목숨이 위험해도 구조를 요청한 사람의 목숨을 구할 것인가.

유대인들은 이 문제를 두고 다음과 같이 생각한다.

"신은 왜 이 세상에 인간을 보냈을까?"

사막에서 사람을 구하기 위해서일까. 아니, 그렇지 않다. 우리 한 사람 한 사람에게는 신에게서 부여받은 임무가 있다. 임무 수행 중에 허무하게 목숨을 버릴 수는 없다. 즉 신이 바라는 사회는 자신의 목숨을 희생하면서까지 다른 사람의 목숨을 구하는 사회가 아니다.

이것이 유대인들의 생각이다. '물을 얻어먹지 못하면 여행자는 불쌍해진다.'는 감정론은 통하지 않는다. 유대교에는 정의가 무엇인지 가치 있는 일이 무엇인지 가르쳐 주는 〈구약성서〉가 있고, 〈탈무드〉는 그 내용에 대해 토론을 벌인다. 〈구약성서〉의 가르침은 유대인들에게 절대적인 존재이고, 그들이 살아가는 삶의 지침이다.

그러나 우리나라에는 종교에 기초한 절대적인 '기준'이 없다. 정의와 가치 기준이 그때그때의 매스컴 정보와 여론에 좌우되는 현재 우리나라의 상태는 위험하다. 매스컴 정보에 쉽게 흔들리지 않기 위해서는 스스로 생각하는 방법밖에 없다. 감동과 감정이라는 안이한 감정으로 사고를 정지시켜서는 안 된다.

냉정하게 사물을 파악하고 다양한 관점에서 철저하게 생각하며 여론과 세상의 공기에 좌우되지 않을 자신만의 기준을 가질 필요가 있다.

입장에 따라 의견이 대립되는 민감한 문제에 대해서도 예외 없이 토론을 벌여야 한다. 감정적으로 변하기 쉬운 주제로 토론을 벌이면서 냉정함을 유지하는 것이 무엇보다 중요하다. 유대인들은 신이 정해 놓은 절대이론과 인간사회의 정보기관이 만든 감정론에는 뚜렷한 차이가 있다고 생각한다.

Why 그럼 어떻게!

감동과 감정이라는 안이한 감정으로 사고를 정지시켜서는 안 된다. 냉정하게 사물을 파악하고 다양한 관점에서 철저하게 생각하며 여론과 세상의 공기에 좌우되지 않을 자신만의 기준을 가질 필요가 있다.

둥지를 떠난 새끼 새를 잡아도 될까?

〈구약성서〉에는 다음과 같은 가르침이 나온다.

"길을 걷다 새의 둥지를 발견할지라도, 어미 새가 새끼 새를 지키고 있는 동안에는 새끼 새를 잡아서는 안 된다.(다만 어미 새가 둥지를 떠난 뒤라면 새끼 새를 잡아도 된다.)"

Problem

새의 둥지를 발견한 곳이 바다 한가운데라면, 둥지에 어미 새가 있어도 새끼 새를 잡을 수 있을까?

💡 불쌍하다는 감정적 생각은 이유가 되지 않는다

이 이야기도 〈탈무드〉에 나와 있는 토론 내용이다. '새의 둥지가 바다 한가운데 있는 거라면?' 이라는 질문은 〈탈무드〉 특유의 기상천외함이 묻어 있다.

바다 한가운데 새의 둥지가 있을 리 없다. '상식에서 벗어난 문제다.' 라고 생각할지도 모르지만, 여기에서 중요한 점은 어렵고 기이

한 문제에 어떠한 논리로 대응하는가이다. 두뇌 운동을 통해 명쾌하게 생각해 보자.

유대인 학교에서는 교사가 학생들에게 위와 같은 질문을 하고, 학생들은 그 질문에 논리적으로 대응하는 형식으로 토론이 진행된다.

'만약 새의 둥지가 바다 한가운데에 있다면 어떻게 될까.' 라는 말은 '바다 한가운데에서는 어미 새가 있어도 새끼 새를 잡을 수 있지 않을까.' 라는 심술궂은 질문이 된다. 깊이 생각하지 않으면 이런 대답이 돌아온다.

"〈구약성서〉는 길을 걸을 때만 금지하고 있다. 바다에는 길이 없기 때문에 어미 새가 있어도 새끼 새를 잡을 수 있다."

그러나 사람은 감정적인 동물이다. 그렇기 때문에 대부분의 사람들은 불쌍하다는 이유로 끼 새를 잡지 않는다고 결론을 낼 것이다. 그러나 유대인 학생들은 불쌍하다는 감정론이 아닌 논리적으로 상대방을 설득할 수 있는 주장을 필사적으로 생각한다. 사람들은 저마다 불쌍하다는 감정을 다르게 느낀다. 그렇기 때문에 감정에 호소하는 대답은 설득력 있는 이유가 되지 못한다.

'길 위에서는 어미 새 앞에서 새끼 새를 잡을 수 없다.' 는 원리 원칙에 따라 토론을 벌이기 위해서는 '길' 에 대한 정의와 해석을 어떻게 넓혀가 바다에 적용해야 할까. 이 어렵고 기이한 문제를 논파하는 열쇠는 여기에 있다.

길은 육지에만 있을까? 바다에는 길이 없을까?

바다에도 길이 있다는 근거를 제시한다면 상대방에게 반론할 여지를 주지 않고 논리적으로 대답할 수 있다.

예로 들어 유대인 학생들은 이렇게 대답한다.

학생 : 바다에도 길이 있어요. 우리 유대인들은 홍해에 생긴 길을 건넜기 때문에 지금 여기에 있는 거잖아요. 그러니까 새끼 새를 잡으면 안 돼요.

유대인들이 좋아하는 근거를 〈구약성서〉에 인용한 대답이다.

바다에도 길이 있다 근거로 제시된 '우리 유대인들은 홍해 생긴 길을 건넜기 때문에 지금 여기에 있다.'는 말은 나름대로 일리 있는 주장이다. 홍해에 생긴 길이란 앞장에서 소개한, 이집트에서 도망쳐 모세를 따라가던 유대인들이 건넜다는 그 길을 말한다.

교사의 질문은 다음과 같이 이어진다.

교사 : 새의 둥지가 사람 머리 위에 있다면 어떻게 될까? 그래도 어미 새가 보는 앞에서 새끼 새를 잡아도 될까?

"사람의 머리 위에도 흙먼지가 쌓이면 길이 된다. 왜냐하면 다윗의 우수한 부관이 작전을 전하기 위해 다윗이 있는 산을 올랐을 때, 너무 급하게 달려온 나머지 부관이 쓰고 있던 모자에 흙먼지로 된 길이 생겼기 때문이다. 그래서 새끼 새를 잡으면 안 된다."

이것도 〈구약성서〉를 인용한 대답이다.

유대인들에게 있어서 〈구약성서〉는 강력한 근거가 된다. 〈구약성서〉에 나온 구절을 인용하면 아무도 반론하지 못한다. 유대인들이 〈

구약성서〉를 열심히 공부하는 이유도 여기에 있다.

〈구약성서〉에 익숙하지 않은 우리나라 사람들에게는 성서의 한 구절을 이용한 반론이 어렵게 느껴지겠지만, 근거 있는 논리적인 대답이라면 억지 이론도 상관없다. '길'에 대한 정의와 해석을 폭넓게 생각하고 어미 새 앞에서 새끼 새를 잡을 수 없다는 논리적인 근거를 찾아내면 된다.

'길도 아니고 바다도 아니고, 공중에 새의 둥지가 떠 있다. 이러한 상황일 때는 어미 새가 있어도 새끼 새를 잡을 수 있지 않을까.'라고 묻는다면 '공중에는 매의 길이 있다.', '공중에는 비행기의 항공로가 있다.'는 대답을 생각할 수 있다.

그러면 '바다 한가운데'와 '사람의 머리 위'에서는 어떻게 될까. 바다 한가운데와 사람의 머리 위에는 어떠한 길이 있을까, 그리고 그 근거는 무엇일까. 새끼 새를 구하기 위해 어떠한 논리로 설득하면 좋을지 생각해 보자.

근거가 무엇인지 철저하게 생각한다

감정론에서 벗어나 논리적으로 설명할 때에는 '근거가 무엇인지' 그 요인을 찾아내는 방법이 중요하다. 사회적으로 대립되는 문제를 비롯해 감정론에 빠지기 쉬운 문제에 대해서는 자신이 그렇게 생각하는 이유의 근거를 제시하면서 토론을 벌여야 보다 효과적인 사고 훈련이 된다.

주제는 심각한 내용일수록 좋다.

예를 들어 우리나라 사람 네 명이 해외여행 중에 테러리스트에게 붙잡혔다고 가정해 보자. 어느 한 지도자가 여행자 네 명을 구출하기 위해 군인 천 명을 파견 보냈다. 과연 그 행동이 지도자로서 옳은 결단이었을까. 지도자의 행동을 두고 '옳다.', '그르다.' 두 가지로 나눠서 토론을 벌이는 것이 좋다. 같이 토론할 사람이 없다면, 입장을 명확하게 세운 뒤 자신의 주장을 펼쳐나가 보자. 언젠가 자신의 입장을 밝힐 기회가 왔을 때, 감정이 아닌 근거를 제시하면서 토론을 벌이는 방법이 중요하다.

 세계 리더 양성 학교에서 시행하고 있는 사고 수업

미국 고등학교에서는 '제2차 세계대전 중 미국이 히로시마에 원자폭탄을 투하한 일이 정당한 행동이었는지'에 대한 주제로 수업이 진행된다.

원자폭탄 투하는 정당한 행동이라는 입장과 대량 학살이라는 입장으로 나눠지고, 서로의 주장에 근거를 제시하면서 토론을 벌인다. 특히 우수한 학생을 양성하는 보딩스쿨(기숙사 학교)에서는 이러한 수업이 주를 이룬다. 감정적으로 변하기 쉬운 토론, 대답이 쉽게 나오지 않는 토론, 물의를 빚는 토론을 통해서 지도자는 양성된다. 지도자란 원자폭탄 같은 대량 살생 무기를 사용해야 할지 사용하지 말아야 할지 결단을 내리는 사람이란 뜻이다. 대량 살생 무기의 사용에 대한 주제는 지도자가 되는 과정에 빠질 수 없는 토론이다.

옥스퍼드 대학교에는 세계적으로 유명한 토론클럽인 옥스퍼드 유니언이 있다. 옥스퍼드 유니언에서는 정기적으로 이러한 토론 대회가 열린다.

'신은 존재하는가.'라는 토론은 아주 유명한 간판 토론이지만, 최근에는 '이슬람교는 평화의 종교인가.'라는 토론이 진행되고 있어 새롭게 주목받고 있다. 경영자도 마찬가지다. 지금은 종신고용을 유지할 수 있는 능력이 있어도 기업 환경이 바뀌면 직원을 대폭 해고해야 하는 상황이 발생할지도 모른다. 이럴 때 경영자는 기업을 살리기 위해 직원을 해고해야 할지, 아니면 직원을 지켜야 할지 결정해야 한다. 만약 우리가 경영자라면 어떤 선택을 할 것인가. 그리고 그렇게 생각하는 이유의 근거가 무엇인가.

지도자 양성학교뿐만 아니라 경영자 양성 학교에서도 이런 토론을 벌여야 한다. 현장 효율 개선과 실적 개선에 대해 아무리 토론을 벌여봤자 지도력을 발휘하는 진정한 경영자는 나오지 않기 때문이다.

Why 그럼 어떻게!

감정론에서 벗어나 논리적으로 설명할 때에는 '근거가 무엇인지' 그 요인을 찾아내는 방법이 중요하다. 사회적으로 대립되는 문제를 비롯해 감정론에 빠지기 쉬운 문제에 대해서는 자신이 그렇게 생각하는 이유의 근거를 제시하면서 토론을 벌여야 보다 효과적인 사고훈련이 된다.

포도밭에서 여우는 어떤 선택을 할까?

 어느 날, 여우가 포도밭 옆을 지나가고 있었다. 여우는 무척 탐스럽게 달려 있는 포도를 보고 밭으로 들어가려고 했다. 그러나 포도밭에는 울타리가 쳐져 있었고, 뚱뚱한 여우는 울타리 사이를 통과할 수가 없었다. 그래서 여우는 생각했다.
 '맞아, 지금부터 산토끼 사냥을 하지 않고 며칠 동안 굶으며 살이 빠질 거야. 그러면 저 울타리 사이를 통과할 수 있어.'
 여우는 사냥을 포기하고 자신의 굴로 들어가 며칠 동안 배고픔을 참으며 지냈다. 마침내 울타리 사이를 통과할 수 있을 정도로 살이 빠진 여우는 굴에서 나와 비틀거리며 포도밭으로 향했고, 울타리를 건너가 포도를 먹었다. 그 포도가 무척 맛있었기 때문에 여우는 정신없이 포도를 먹었고, 결국 포도밭에 있는 포도를 전부 먹어버리게 되었다.
 여우는 포도로 잔뜩 부푼 배를 보고 다시 울타리 사이를 빠져나가지 못한다는 사실을 알아차렸다. 이대로라면 여우는 자신의 굴에 돌아가지 못한다. 이때 여우는 두 가지 방법이 떠올랐다.

A : 먹은 포도를 다 토해내 다시 배를 홀쭉하게 만든다.

B : 포도나무 사이에 몸을 숨기고, 포도밭에 들어올 때와 똑같이 살이 빠지기를 기다린다.

Problem

여우는 어떤 방법을 선택할까?

위험성을 파악한 사람은 전략을 세워 놓는다

이 이야기는 유대인 부모가 자녀에게 들려주는 우화 중 하나다. 여우가 어떤 행동을 선택할지 자녀에게 생각을 물은 후 대답이 돌아오면 돌발 질문을 해 보다 좋은 선택은 없는지 판단하게 만든다.

우리는 A와 B 중 무엇을 선택할까.

나의 예상이 맞는다면 독자 중의 80퍼센트가 B를 선택할 것이다.

A를 선택하면 사냥꾼에게 발각될 위험성은 줄어든다. 그러나 애써 먹은 맛있는 포도를 다 토해내야 하고, 그렇게 되면 굴에서 배고픔을 참으며 살을 뺀 노력이 물거품으로 돌아간다. 한 번 거두어들인 결실을 포기하는 것도 상당히 힘든 일이기 때문에 대부분의 사람들이 A 선택을 주저한다.

B는 잘되든 못 되든이란 생각으로, 사냥꾼에게 발각될 위험성은 크지만 결실을 맺는 쪽에 승부를 걸어보겠다는 방법이다. 한마디로 운에 맡기겠다는 생각이다. 그러나 운이 좋으면 사냥꾼에게 발각되

지 않는다는 희망적인 관점에서 어떠한 준비도 대책도 세우고 있지 않기 때문에 B의 선택에도 문제가 있다.

유대인 부모는 자녀가 A와 B 중 무엇을 선택해야 정답이라고 생각할까. 아마 A를 골라도 B를 골라도 고개를 저을 것이다. 이 경우, A도 B도 정답이 되지 못한다. 포도를 전부 토해내면 며칠 동안 배고픔을 참아낸 보람이 사라지고, 울타리 안에 숨어 있으면 생명의 위험성이 너무 커진다. 그렇다면 처음부터 포도를 먹지 말았어야 할까. 그것도 정답이 되지 못한다.

이 우화는 상황을 분석한 후 어떻게 하면 위험성을 최소한으로 줄이면서 가장 좋은 방법을 얻을 수 있을지에 대해 묻는다. 즉 유대인 부모가 자녀에게 가르쳐주는 것은 최소 위험으로 최대 효과를 이끌어내는 방법이다. 유대인 아이들은 이 질문에 이런 대답을 가장 많이 한다.

"울타리 사이를 빠져나올 수 있을 만큼만 포도를 먹는다."

"포도를 한 번에 많이 먹지 않고 며칠에 걸려 조금씩 먹는다."

우리나라에도 '밥은 모자란 듯 먹는 게 좋다.' 는 가르침이 있지만, 이 경우는 조금 더 모자란 듯 먹으라는 의미다. 정답은 얼마든지 생각할 수 있다.

처음부터 여우가 울타리 안에 들어가지 않고 맛있는 포도에 현혹되지 않을 방법은 없었을까 하는 생각도 효과적인 관점이다. 포도에 현혹되지 않았더라면 사냥꾼에게 발각되어 도망가야 하는 위험성도 없기 때문이다.

 냉정하게 현실을 분석한다

다소의 위험성에서 눈을 돌리고 '어떻게든 되겠지.'라며 운에 맡기려는 생각이 동양인의 선택이라면, 철저한 조사와 냉정한 판단으로 확실한 성과를 얻으려는 생각이 유대인을 비롯해 서양인의 선택이다. 이 생각의 차이는 크다.

국제 정치와 전쟁 역사를 봐도 '운'에 맡기는 동양인과 빈틈없는 위험성 분석과 현장 분석으로 적절한 방법을 찾아가는 서양인의 결과에는 큰 차이가 있다. 그 가장 큰 예가 제2차 세계대전이다.

'나라를 위해 싸우자.'고 외치며 승리를 과신하고 전쟁에 뛰어든 일본인. 그들은 죽을 각오로 싸우면 일본 군인은 절대 지지 않는다고 믿었다. 마치 몽상가 집단처럼 말이다. 한편 미국은 적의 전략을 철저히 조사하고 분석한 후 일본군에게 대항했다. 일본의 전투기는 왜 강할까, 어떻게 하면 일본 전투기에 대항하는 전투기를 만들 수 있을까, 전투기를 만들려면 공장 부지를 어느 정도 확보해야 할까. 이렇게 상황을 냉정하게 분석한 결과 생산 능력이 곧 전투 능력이라는 결론에 이르렀다. 그리고 최종적으로 일본 전투기를 능가하는 전투기를 만들어 전쟁에 투입시켰다.

또한 일본 해군의 암호를 분석한 것도 미국이었다. 한편 일본은 미국군의 암호를 해석하지 못했다. 적의 전투 능력을 조사하고 분석한 후 승리에 필요한 전투 방법을 생각해 낸 미국이 2차 대전에서 승리한 것은 당연한 결과일지도 모른다.

 공상가에서 분석가로

어느 날, 한 랍비가 도양인들을 분석적(Analytical)이지 못한 공상가(Dreamer)라고 평가한 적이 있다. 공상가란 현실적이지 못한 사람들을 가리킨다. 즉 이러한 것을 뜻한다.

하버드 대학교나 옥스퍼드 대학교를 비롯한 세계 일류 대학은 '분석적'인 것을 매우 중시한다.

그러나 동양의 학교 학생들의 논문을 보면 '나는 이렇게 생각한다=I think'는 주관적인 견해는 많지만 분석적인 시점이 빠져 있는 경우가 많다. 서양의 기자가 쓴 기사와 아시아의 기자가 쓴 기사에도 차이점이 많다고 랍비는 지적했다.

방대한 자료 조사를 실시한 후 그 결과를 바탕으로 객관적이고 분석적으로 논하는 것이 서양의 기사다. 반면 우리나라 기사는 사실에 뒷받침되는 자료 조사는 제쳐 두고 기자의 주관주의적인 관점과 감정으로만 쓰여 있다.

분석적인 서양인과 공상가인 동양인의 차이가 국제 정치와 기업 경쟁, 교육 등 많은 부분에서 동양인들이 뒤처져 있는 근본적인 요인 중의 하나다. 공상만으로는 현실을 똑바로 인식할 수 없다. 조사와 분석을 마친 후 논리적으로 사고해야 한다. 이것이 국제 사회에서 빈번하게 일어나는 교섭과 경쟁에 살아남기 위해 필요한 사고력이다.

　매스컴에서 흘러나오는 정보에도 의심을 품고 '정말일까.' 하고 스스로 실태를 조사하는 습관이 중요하다. 특히 정보를 마주하는 자세가 중요하다. 매스컴 보도를 그대로 받아들이지 않고 사실을 독자적으로 조사하는지 아니면 학자의 발표를 무조건 믿고 보고하는지, 정보를 받아들이는 우리가 철저하게 분석하면 매스컴에 선동되는 일은 없다. 정보를 받아들이는 우리 자신이 분석적인 시점으로 정보를 확인해야만 한다.

Why 그럼 어떻게!

공상만으로는 현실을 똑바로 인식할 수 없다. 조사와 분석을 마친 후 논리적으로 사고해야 한다. 매스컴에서 흘러나오는 정보에도 의심을 품고 '정말일까.' 하고 스스로 실태를 조사하는 습관이 중요하다.

인공 유산의 규율로 낙태를 인정해야 할까?

유대인에게는 임신 40일까지는 인공 유산을 해도 좋다는 의견이 있다.

Problem

40일이라는 근거가 어디서 나왔는지 생각하고 말해 보자.

💡 **어떤 정의(定義)를 내릴지를 먼저 생각한다**

인공 유산과 관련된 토론은 나라와 종교를 막론하고 의견이 대립되는 민감한 문제 중에 하나다. 인공 유산은 허용해야 할까, 만약 허용한다면 그 기간을 언제로 두어야 할까. 이 주제는 '인공 유산을 하면 태아가 불쌍하다.'는 감정론에 휩싸이기 쉬운 토론이다.

"태아가 불쌍하니까 인공 유산을 허용하면 안 돼."

"아니, 나는 태아가 불쌍하다고 생각하지 않아."

이렇게 감정으로 대응하다 보면 토론은 더 이상 진행되지 않는다. 다시 말하겠지만 '불쌍하다.'와 같은 감정론은 논리적인 근거가 되지 못한다. 유대인들은 임신 40일까지는 상황에 따라서 인공 유산을 허용해야 한다고 강력하게 주장한다. 임신 40일까지는 인공 유산을 해도 되지만, 40일이 지나면 인공 유산을 하면 안 된다는 뜻이다.

그 근거는 '태아란 무엇일까'의 정의에 있다.

유대인들이 이렇게 주장하는 이유는 임신 40일까지는 태아에게 손발이 형성되지 않아 모체의 일부라고 생각하는 데에 있다. 모체의 일부이기 때문에 태아를 어떻게 할 것인지는 산모의 자유에 맡긴다.

다만 40일이 지나면 태아는 산모의 소유물이 아니라 하나의 생명체가 된다. 그렇기 때문에 임신 40일이 지나면 인공 유산을 허용하지 말아야 한다고 생각한다. 이러한 생각으로는 수정란이 착상되기 전에 모체에서 제거하는 의료 행위는 전혀 문제가 되지 않는다.

한편 로마 가톨릭에서는 40일 전후를 불문하고 인공 유산을 일정 허용하지 않는다.

로마 가톨릭에서는 태아를 수정될 때부터 모체와 별개인 생명이고 하나의 '인간'으로 정의하고 있다고 추측할 수 있다. 즉 유대인과 로마 가톨릭의 주장은 태아를 임신 40일까지는 '산모의 일부'로 볼 것인지, 수정 단계부터 '하나의 생명(인간)'으로 볼 것인지의 차이에 있다. 그러면 난자가 생명(인간)이라는 근거는 어디에 있을까. 이 물음이 인공 유산을 허용해야 하는지 허용하지 말아야 하는지에 대한 토론의 논점이다.

정의의 중요성을 보여주는 또 하나의 소설을 소개하겠다.

이스라엘 최고 법원은 '성스러운 땅 이스라엘에 돼지를 들여놓아선 안 된다.'고 규정하고 있다.

"좋아. 나는 바닥을 높게 만든 수레에 돼지를 싣고 이스라엘에 갈 거야. 그렇게 하면 성스러운 땅에 돼지를 들여놓지 않는 게 되잖아."

어느 유대인이 이렇게 말하면서 수레에 돼지를 싣고 이스라엘로 들어왔다. 그리고 이 유대인의 행동에 대해서 아무도 반론하지 못했다. 바닥을 높게 만든 수레에 돼지를 싣고 들어오면 성스러운 땅에 돼지를 들여놓지 않는 것이 된다. 조금은 억지스러운 생각처럼 보일지도 모르지만, 이 문제의 핵심은 유대인이 '성스러운 땅'을 어떻게 정의했는가에 있다.

이 논점은 성스러운 땅과의 '접촉 유무'에 있다. 돼지의 다리가 지면에 닿은 상태로 성스러운 땅에 들어오는 것은 불가능하지만, 다리가 지면에 닿지 않으면 성스러운 땅에 들어오는 것도 가능하다고 이 유대인은 생각했다. 즉 성스러운 땅이란 '지면 자체'를 가리키고, 지면에 접촉하지 않은 부분은 성스러운 땅이 아니라고 정의한 것이다.

이 정의의 배경은 '돼지가 바이러스를 몰고 올 위험성'에 있다. 돼지의 다리가 지면에 접촉하면 바이러스를 몰고 올 위험성이 있는 반면에 바닥이 높은 수레에 싣고 오면 돼지가 바이러스를 몰고 올 위험성은 없어진다.

논리적인 사고는 정의(定義)에서 시작된다

논리적인 사고가 부족한 사람은 대화할 때에도 말의 정의가 애매할 때가 있다. 말의 정의가 애매하면 감정이 끼여 들 여지가 늘어나지만, 반대로 말의 정의가 명확하면 감정에 좌우되는 일이 줄어든다.

예를 들어 어느 사람이 대놓고 '멍청이'이라고 말했다면 누구든 화를 낼 것이다. 그 상황에서는 자신에게 '멍청이'라고 말하는 것이 분명하기 때문이다. 그래서 당사자는 기분이 나빠질 것이다. 그러나 어느 사람이 필자인 나에게 '동양인은 논리적이지 못하다.'고 말해도 나는 썩 기분이 나쁘지 않다. 나를 지목한 말이 아니기 때문이다.

그러나 대부분의 사람들, 아마 100명 중에 99명은 '동양인은 논리적이지 못하다.'는 말을 들으면 자신도 포함해 그렇게 말하고 있다고 생각한다. 이것이 감정적으로 되어버리는 요인이다. 유대인들은 우선 말의 정의를 생각한다.

앞에서 들은 예처럼 '동양은' 혹은 '동양인은'이라고 비난할 때에 '동양'과 '동양인'을 어떤 식으로 정의하고 있는지 또 왜 그렇게 말한 것인지를 상대방에게 먼저 물어보아야 한다. 정의가 있는 비난은 비판이다. 정의가 애매한 토론은 사고훈련에 전혀 의미가 없다.

감정적으로 일을 처리하려면, 감정이 사고를 정지시켜 더 이상 깊이 생각할 수 없게 된다. 그렇게 되면 적절한 판단을 할 수 없을 뿐만 아니라 세상의 흐름도 잃게 된다. 말의 정의가 명확해지면 토론의 기준도 명확해진다.

Why 그럼 어떻게!

정의가 있는 비난은 비판이다. 정의가 애매한 토론은 사고훈련에 전혀 의미가 없다. 감정적으로 일을 처리하려고 하면, 감정이 사고를 정지시켜 더 이상 깊이 생각할 수 없게 된다.

CLASS 5

자기입장을 명확히 하는
생각의 기본

모든 것을 얻겠다는

생각을 버리자

유대인은 미팅에서 커피를 사주면서 뭐라고 할까?

당신은 사업차 유대인의 회사를 방문했고, 유대인은 그곳에서 가장 맛있기로 소문난 카페에서 커피를 사와 당신에게 주었다. 두 사람은 그렇게 화기애애한 분위기 속에 회의를 진행했다.

그런데 회의가 끝나갈 무렵, 유대인이 커피 값에 대해 놀라운 발언을 했다. 그 말은 정말 유대인다운 발언이었다. 이 유대인은 도대체 뭐라고 말했을까?

💡 투자와 이익의 관점으로 본다

대다수의 사람이 이 말을 들으면 '뻔뻔한 사람'이라고 생각할 것이다. 우리나라 사람들은 손님에게 커피를 대접하는 것은 당연한 일이다, 굳이 커피 값이 얼마인지 말하는 사람은 치사하다, 큰 사업을 위해서라면 커피 값 정도는 당연히 내야 한다고 생각한다. 그러나 유대인들의 생각은 다르다.

"이 커피 값은 당신을 위해 지불한 것이다. 당신은 커피 값의 보답으로 나에게 무엇을 해 줄 수 있는가?"

유대인들은 이렇게 묻는다.

만약 커피 값이 9천 원이라면, 이 회의에서 적어도 3만 원은 벌어야 한다고 생각한다. 유대인들은 단기 이익을 철저하게 추구한다. 지금 이 순간 수익을 얼마만큼 올릴 수 있을지를 매우 엄격하게 따져 본다. 한 시간 회의 동안 결과가 나지 않으면 두 번 다시 보지 않을 것처럼 행동한다. 그들은 9천 원의 커피 값이 3년 후에 1조 원의 거래가 될지도 모른다고는 조금도 생각하지 않는다. 유대인들은 '자신이 어디서 이익을 낼 것인지' 태도를 분명히 한다.

다음에 소개하는 설화에서도 유대인들의 그러한 태도를 엿볼 수 있다.

Why 그럼 어떻게!

철저한 조사와 냉정한 판단으로 확실한 성과를 얻으려는 생각이 유대인들이다. 따라서 자신이 어디서 이익을 낼 것인지의 태도를 분명히 한다.

나폴레옹이 포상을 내리자 청어 두 마리만 달라던 유대인

나폴레옹이 유럽을 정복했을 때, 각 나라의 협력자에게 "너희에게 포상을 내리겠다. 원하는 것을 전부 말하여라." 하고 말했다.

프랑스 사람은 '와인 밭과 와인공장'을, 독일 사람은 '보리밭과 맥주공장'을, 이탈리아 사람은 '밀밭과 맛있는 파스타공장'을 갖고 싶다고 말했다. 그러나 유대인은 '청어 두 마리'만 있으면 된다고 말했다. 그 말을 들은 다른 나라 협력자들은 "나폴레옹이 원하는 것을 전부 들어주겠다고 했는데 고작 청어 두 마리를 달라고 하다니, 유대인들은 정말 한심해."라며 비웃었다.

Problem

유대인은 포상으로 왜 청어 두 마리를 달라고 한 걸까.

💡 확실한 결과를 얻는 목표

나폴레옹이 유럽을 정복한 것은 지금으로부터 약 200년 전인 19세기 초반이지만, 유대인들의 설화 곳곳에는 시대의 영웅도 등장한다. 청어 두 마리란 너무나 소박한 요구다. 나폴레옹이 내리는 포상이라면 조금 더 욕심을 내도 좋다는 다른 나라 협력자들의 생각에도 수긍이 간다.

하지만 이 설화는 다음과 같이 계속된다.

포상을 제대로 받은 사람은 유대인뿐이었다. 나폴레옹은 그 자리에서 청어 두 마리를 내주었고, 유대인은 그 청어를 받아들고 집으로 돌아갔다. 그러나 다른 나라 협력자들의 원대한 소망은 그림의 떡으로 끝나고 말았다. 유럽 정복 후 얼마 지나지 않아 나폴레옹은 몰락하기 시작했고, 그들은 결국 아무것도 얻을 수가 없었다.

욕심을 부리지 않고, 곧바로 이룰 수 있는 작은 소망부터 착실하게 실천한 유대인들만이 포상을 손에 넣을 수 있었다. 이러한 유대인들의 특성은 오랜 수난의 역사 속에서 배운 삶의 지혜라고 말할 수 있다.

유대인들은 민족이 살아남기 위해서는 하루하루 식량을 살 돈이 필요했다. 돈을 벌려면 작은 이익부터 쌓아올려야 하고, 일확천금을 바라면 결국 얻어지는 것은 아무것도 없게 된다. 다른 사람들이 한심하다고 비웃어도 곡식을 살 돈을 착실하게 모으는 것이 중요하다.

나폴레옹 설화는 이러한 가르침을 준다.

또한 이 설화에 나폴레옹을 등장시킨 이유는 유대인들에게 '권력은 움직인다.'는 가르침을 주기 위해서다. 지금의 안정된 생활이 언제까지 유지될지 모르기 때문에 지금 이 순간에 얻은 이익을 소중히 여겨야 한다는 깨달음을 주는 설화다.

💡 수비범위를 명확하게 정한다

자신이 어떤 분야에서 확실한 수익을 얻을 수 있는지, 유대인들은 그 수비범위가 분명하다. 앞에서 이야기했듯이 유대인들은 특히 단기 이익을 철저하게 추구한다. 이스라엘에 스타트업 기업(설립한 지 오래되지 않은 신생 벤처기업—옮긴이 역)이 많은 이유도 유대인들의 이러한 특성 때문이다.

이스라엘에는 나스닥 상장 기업이 미국 다음으로 많다. 그 기업 수는 70개에 달한다. 앞에서 소개한 『창업국가』에서도 유대인들은 스타트업에 강하며 스타트업으로 단기 이익을 노린다고 한다.

유대인들에게 있어서 스타트업이란 비즈니스 모델을 개발해 단숨에 성장시키는 매우 흥미로운 사업이다. 그래서 그들은 어느 부분에 집중할지 자신의 태도를 분명히 정한다. 이스라엘은 스타트업 기업을 창립만 할 뿐, 그 이후의 경영에 대해서는 손을 뗀다. 즉 사업을 발전시키고 확대시키는 일에 뛰어난 미국 등 다른 기업에게 스타트업을 맡긴다. 기획개발부터 제조, 판매, 애프터서비스까지 전부 자회사에서 처리하는 우리나라 기업들과 대조적인 모습이다.

수비범위란 핵심 비즈니스 모델을 무엇으로 정할지 결정하는 태도이다. 그 점에서 아마존과 라쿠텐의 비교는 흥미롭다.

아마존과 라쿠텐 두 회사는 모두 인터넷 통신판매 사업부터 시작했지만, 지금은 전혀 다른 사업을 하는 기업으로 발전했다. 아마존은 도서와 일상용품 판매뿐만 아니라 음악과 영화 등 파일을 무제한으로 올릴 수 있는 클라우드 서비스를 만들었다.

실제와 가상이라는 차이는 있지만 일괄적으로 '물건을 배달하는 사업'으로 특화했다. 아마존의 독자적인 배송 시스템은 달나라에서도 배송 상태를 확인할 수 있을 정도로 철저한 방식으로 이루어져 있다.

반면 라쿠텐은 라쿠텐 시장 이외에 신용카드, 여행, 증권, 은행 그리고 구단까지 가지고 있는 거대 기업으로 발전했다. 회원들에게 다양한 서비스를 제공해 고객을 모으겠다는 것이 라쿠텐의 비즈니스 모델이다. 모든 분야를 산하로 둔 기업형태는 세계에서도 매우 드문 현상일 것이다. 이미존이 물류 특화에 발전을 이룰 수 있었던 비결은 '우리는 무엇으로 돈을 벌어야 할지' 자신의 태도를 분명히 정한 데에 있다.

세계 구석구석까지 물건을 보내겠다는 명백한 비즈니스 모델을 세웠기 때문이다. 자회사의 강점이 무엇인지, 비즈니스 모델의 핵심을 어디에 두어야 할지 토론을 통해 맺은 결과다. 아마존의 발전 과정은 지극히 유대인답다. 반면에 라쿠텐의 발전 과정은 매우 동양인답다. 기업 매입을 반복하면서 사업을 여러 분야로 확대해 갔다. 라쿠텐처럼 사업을 확대하다가 결국 인터넷 금융회사가 될 거라면, 인터넷 금융회사도 여러 개의 사업 중에 살아남은 유일한 비즈니스 모델이라고밖에 생각되지는 않지만, 왜 처음부터 인터넷 금융에 특화할 생각을 하지 못했을까. 그렇게 먼 길을 돌아온 것도 어떤 의미에서는 시간과 경영 자원의 낭비이지 않을까.

유대인들의 스타트업에는 목적과 수비범위가 분명하다. 단기 매각한 후 그것을 자본으로 다른 스타트업을 시작하는 모습은 매우 유대인다운 발상이다.

Why 그럼 어떻게!

아마존이 물류 특화에 발전을 이룰 수 있었던 비결은 '무엇으로 돈을 벌어야 할지' 자신의 태도를 분명히 정한 데에 있다. 세계 구석구석까지 물건을 보내겠다는 명백한 비즈니스 모델을 세웠기 때문이다. 자회사의 강점이 무엇인지, 비즈니스 모델의 핵심을 어디에 두어야 할지 토론을 통해 맺은 결과다. 바로 유대인다운 발상이라고 할 수 있다.

마법의 석류

어느 마을에 사이좋은 형제 세 명이 살고 있었다. 성인이 된 형제들은 각각 십 년 동안 여행을 떠나기로 했고 한 명은 동쪽으로, 한 명은 서쪽으로, 한 명은 남쪽으로 가기로 결정했다. 여행 중에 자신이 발견한 가장 신비로운 물건을 가지고 십 년 후에 다시 이 집에서 만나자고 형제들은 서로 맹세했다.

첫째는 동쪽으로 여행을 떠났고, 그곳에서 만난 다른 여행자에게 세계 구석구석을 볼 수 있는 신비한 거울을 샀다. 이 거울을 들여다보자 정말 세계 구석구석에서 어떤 일이 벌어지는지 전부 다 보였다. 장남은 다른 형제들이 어떤 물건을 가지고 올지는 모르지만, 자신이 가진 거울이 이 세상에서 가장 신비로운 물건임에 틀림없다고 확신했다.

둘째는 서쪽으로 갔다. 그리고 어느 마을에서 양탄자 상인을 만났다. 양탄자 상인에게 신비롭게 생긴 양탄자를 가리키며 가격을 묻자, 그 양탄자가 펄럭거리며 혼자 움직이기 시작했다. 둘째는 매우 놀라 양탄자 상인에게 물었다.

"혹시 양탄자 밑에 쥐가 들어간 거 아니에요?"

그러자 양탄자 상인은 코웃음을 치며 이렇게 말했다.

"무슨 소리예요. 이 양탄자는 살아 있어요. 하늘을 높이 날 수도 있다고요. 이 양탄자를 타면 새보다도 빠른 속도로 날아갈 수 있답니다. 지금 사지 않으면 다른 사람이 금방 사갈 거예요."

둘째는 하늘을 나는 양탄자야말로 이 세상에서 가장 신비로운 물건이라고 생각하며 비싼 돈을 주고 양탄자를 샀다. 틀림없이 형제들이 가지고 온 물건 중에서 양탄자가 가장 신비한 물건일 거라고 생각했다.

형제들 중 막내인 셋째는 남쪽으로 향했다. 계속해서 남쪽으로 내려가자 신비로운 숲이 나왔고 그 숲속으로 들어가자 신비하게 생긴 석류나무 한 그루가 서 있었다. 그 석류나무에는 꽃이 한가득 피어 있는데 열매는 하나밖에 없었기 때문이다. 석류 열매를 따려고 손을 뻗자 열매가 저절로 손바닥에 위에 툭하고 떨어졌다. 그러자 또다시 신비한 일이 벌어졌다. 석류나무에 피어 있던 꽃 하나가 갑자기 새빨갛게 변하더니 석류 열매로 바뀐 것이다.

'이 세상에 이것보다 더 신비한 것은 없을 거야. 이 나무를 가지고 가자.'

그렇게 생각하자마자 석류나무는 갑자기 사라지고 말았다. 셋째는 깜짝 놀라 황급히 손바닥을 쳐다봤다.

그러나 다행히 석류 열매는 사라지지 않고 그대로 손바닥 위에 남아 있었다. 셋째는 이 석류 열매가 세상에서 가장 신비한 물건이라고 생각하고, 십 년 후에 재회하기로 맹세한 집으로 향했다.

세 형제는 각각 가지고 온 물건을 서로에게 보여줬다.

세 형제들이 첫째가 가지고 온 거울을 들여다보자, 어느 나라의 공주가 병석에 누워 있는 모습이 보였다. 공주 옆에서 왕이 한숨을 쉬며 이렇게 말하고 있었다.

"누군가 공주를 치료해줄 사람이 없을까. 아무리 유능한 의사들도 공주의 병을 고칠 수가 없다 하니……. 하루빨리 병을 치료하지 않으면 공주는 죽을지도 몰라."

그 모습을 본 세 형제는 마법의 양탄자를 타고 공주가 있는 곳으로 날아갔다. 그리고 셋째는 이것을 먹으면 병이 나을지도 모른다며 석류 열매를 반으로 잘라 공주에게 주었다. 공주가 석류 열매를 받아들고 한 입 두 입 베어 물자 얼굴에 생기가 돌아왔고, 지금까지 걸을 수조차 없었던 두 다리에는 힘이 생겨 혼자 일어설 수 있었다.

왕은 몹시 감격해 세 형제에게 이렇게 말했다.

"너희 세 형제가 있었기에 공주가 나을 수 있었다. 너희 세 명 중 누구에게라도 공주와 결혼할 기회를 주겠다. 세 명이서 이야기를 나눈 후 누가 공주와 결혼할 것인지 결정하여라."

그러자 공주가 "저에게도 질문할 기회를 주세요." 하고 말했다.

공주는 우선 첫째에게 질문했다.

공주 : 당신은 세계 곳곳을 볼 수 있는 거울로 내가 아픈 모습을

발견했어요. 그 망원경 같은 거울은 지금도 그대로 있나요?

첫째 : 네. 지금도 가지고 있습니다.

공주 : 그럼 둘째에게 묻겠어요. 당신은 마법의 양탄자를 타고 내가 있는 곳까지 날아와 주셨지요. 그 양탄자는 지금도 날 수 있나요?

둘째 : 네. 처음과 같은 모습으로 지금도 하늘을 날 수 있어요.

공주 : 그럼 마지막으로 셋째에게 묻겠어요. 당신은 나에게 석류 열매를 줬고, 난 그 열매를 먹고 나을 수 있었어요. 그 석류 열매는 처음 모습과 다른가요?

셋째 : 네. 공주님께서 석류 열매의 반을 드셨기 때문에 지금은 반 밖에 남지 않았어요.

Problem

세 명의 형제 중 공주가 결혼 상대자로 선택한 사람은 누구일까?

💡 버리지 않고서 얻는 것은 없다

이 이야기도 유대인 부모가 가정에서 자녀에게 들려주는 설화다. 자녀에게 생각하고 대답하기 위한 시간을 주고, 자녀가 대답을 하면 '왜?' 하고 물은 후 그 이유를 생각하게 만든다.

결론부터 말하자면 이렇다. 공주가 결혼상대로 선택한 사람은 셋째다. 이유는 셋째만이 공주를 위해 가장 소중한 것을 희생했기 때문이다. 이 설화가 전해주는 것은 '버리는 것 없이 얻는 것도 없다.', 'No pain, No gain.'이라는 유대인의 가르침이다.

모세가 유대인을 데리고 이집트를 탈출할 때, 유대인들은 엄청난 희생을 감수하면서 요단강으로 향했다. 앞에서 이야기한 가르침은 유대인들이 요단강으로 향할 때의 교훈이다.

유대인들은 가지고 갈 수 없는 재산은 모두 버리고, 즉 전 재산과 삶의 터전을 전부 버리고, 입고 있던 옷 그대로 도망칠 수밖에 없었다. 그리고 40년 동안이나 사막을 떠돌아다녔다. 유대인들은 최고의 희생을 감수하며 약속의 땅 요단강에 도착했다.

아무것도 잃지 않고서는 성공할 수 없다. 잃는 것의 크기와 성공의 크기는 비례한다. 또한 버리는 시기도 중요하다. 무언가를 얻으려고 버리는 것이 아니다. 유대교에서는 버리는 일이 먼저라고 가르친다.

셋째가 석류 열매의 절반을 공주에게 준 이유는, 석류 열매를 주면 공주와 결혼할 수 있다는 사실을 알았기 때문이 아니다. 공주를 돕기 위해 자신이 먼저 소중한 석류 열매를 나눠준 것이다. 이 설화는 먼저 소중한 것을 버려야 길이 열린다는 이야기를 상징한다.

 선택과 집중에 몰두한다

잃는 것이 있어야 비로소 얻는 것이 있다. 이 말을 실천한 사람이 〈Class 3〉에서 소개한 인텔 창업자 고든 무어다. 인텔이 지금의 성공을 얻을 수 있었던 이유는 주력 사업이었던 메모리 사업에서 물러나 CPU 사업으로 전환했기 때문이다. 인텔과 대조적으로 소중한 것을 버리지 않았기 때문에 사업이 기울어 파산한 기업도 있다.

사진 필름업계의 최고 기업이었던 코닥은 필름 사업에 얽매인 나머지 디지털화에 대응하지 못해 모든 것을 잃고 파산하고 말았다. 우리나라 기업도 이전의 성공과 영예를 버리지 못하는 경향이 강하다. 일찍이 세계시장을 석권한 일본의 가전업체도, 세계시장이 급변하는 주력 사업 분야(TV, 반도체, 액정화면)를 포기하지 못해 적자를 낳아 경영을 악화시켰다.

'희생 없는 성공은 없다.'는 유대인의 가르침은 현대 사업에도 통용되는 이야기다. 비즈니스뿐만 아니라 인생에 있어서도 이 가르침은 매우 중요한 의미로 작용한다.

예를 들어 유대인 율법은 식사와 일상생활에서 해서는 안 되는 일을 엄격하게 규정하는데, 이 율법은 많은 금기사항을 지키는 것으로 행복한 인생을 얻을 수 있다는 깨달음을 준다.

유대인이 일생 동안 해서는 안 되는 금기사항 다섯 가지는 '탐욕', '태만', '방탕', '불섭생(건강에 조심하지 않음—옮긴이)', '허위'이다. 현대인에게는 이 모든 것이 당연한 일처럼 여겨질지도 모른다. 고급 와인을 마시고 호화로운 식사를 즐기는 것이 윤택한 생활처럼 보이지만, 사실 이러한 생활은 불섭생으로 건강에 해를 끼치고 나아가 수명을 단축시키는 일로 이어진다. 휴일에 골프와 노는 일에만 몰두하면 자동적으로 사고는 정지하고 뇌세포는 퇴화한다. 유대인들은 가난하고 소박한 식사만으로도 충분히 윤택한 생활을 보낼 수 있다고 생각한다.

호텔에서 호화로운 식사를 즐기지 않아도 깨끗하게 세탁한 식탁보에 양초 두 개 그리고 유대인이 직접 만든 레드와인과 약간의 음식만 있으면 충분하다. 비싼 돈을 내고 여행을 가지 않아도 시나고그라는 허름하고 소박한 건물에서 〈탈무드〉 공부를 하거나 토론을 벌이면서 풍부한 사고력을 기른다. 이것이 유대인들의 생활방식이다.

유대인에게 엄격한 식사 율법이 있는 이유는 '삶의 목적이 맛있는 음식을 먹는 데에 있지 않다.'는 깨달음을 사람들에게 매일매일 깨우쳐주기 위해서다. 이 세상에 태어난 존재 의식은 음식을 먹는 데에 있지 않다. 유대인들의 존재 의식은 〈구약성서〉 공부를 통해 신이 이 세상에 유대인을 보낸 이유를 충분히 이해하고 그 가르침에 따라 살아가는 것에 있다. 그러한 인생을 성실하게 따르기 위해서는 존재 의식에 방해가 되는 습관과 사고방식을 버려야만 한다.

우리는 어떠한가. 우리는 행복을 방해하는 것을 무의식중에 모아두고 있지는 않은가. 행복과 성공을 얻기 위해서는 우선 버려야 한다. 일상 속에서 이러한 가르침을 의식하며 지내보자.

💡 3차원적인 취사선택

사고의 관점에서 보면 중시해야 하는 일과 그 외적인 일을 선별하는 방법이 중요하다. 중요한 일과 중요하지 않은 일을 어떻게 선별

해야 할까?

대부분의 사람들은 일에 우선순위를 정해놓지 않은 채 이것저것 다 포기하지(버리지) 않으려고 노력한다. 그럼 여기서 '버리는 일'을 잘하기 위한 사고 비결을 알려주겠다.

'취사선택'이란 말이 있다. 취사선택이란 책상 위에 여러 물건들을 올려놓고 버릴 물건과 쓸 물건을 결정한다는 뜻이다. 책상 위라는 평면에 물건을 올려놓기 때문에 우리나라 사람들이 하는 '취사선택'은 2차원적이다. 그에 비해 유대인들은 3차원적인 '취사선택'을 한다. 3차원적인 취사선택이란 시간 축을 그리는 방식을 말한다.

비교하자면 아래 그림과 같다.

(우리나라 사람들의 취사선택)

(유대인의 취사선택)

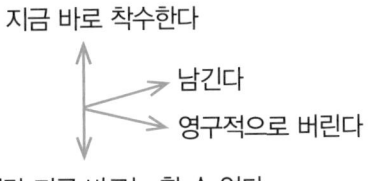

유대인들의 취사선택은 당연히 '지금 당장 해야 할 일만 꺼내는' 집중 선택이다. 한편 우리나라 사람들은 2차원적인 선택을 하기 때문에 이것저것 남기는 분산 선택이 된다. 게다가 유대인들은 남겨둬야 할 일도 B와 C라는 두 가지 선택지로 나눠서 생각한다.

지금 당장 해야 할 일(선택지 A)가 실패했을 때는 선택지 B를 착수한다. 선택지 B가 실패했을 때에는 선택지 C를 착수한다. 선택지 C도 실패하면 더 이상 아무 일도 하지 않는다.

선택에 시간 축을 만들어 놓고 지금 당장 해야 할 선택지 A, 다음에 해야 할 선택지 B, 그 다음에 해야 할 선택지 C. 이렇게 우선순위를 정해 놓는다. 그리고 선택지 D 이하는 버린다.

일본의 사업가 마쓰시타 고노스케는 "끝까지 노력하면 성공은 반드시 따라온다."라는 말을 했다. 그의 말이 우리나라 사람들에게 영향을 끼쳤는지 알 수 없지만, 우리는 시간 축을 만들어 놓은 취사선택을 할 때에도 많은 시간이 걸린다.

유대인들이라면 2년 만에 포기할 일을 대다수 나라에서는 20년이나 견뎌낸다. 이러한 행동 때문에 '성공할 때까지 참아라.'라는 말이 나온 것일지도 모른다. 포기를 '수치'로 생각하는 사람들이 많다.

Why 그럼 어떻게!

유대인들은 자녀에게 생각하고 대답하기 위한 시간을 주고, 자녀가 대답을 하면 '왜?' 하고 물은 후 그 이유를 생각하게 만든다.

CLASS 6
본질적 가치에 접근하는 기본

'의문'으로

다가가자

기술혁신의 보편성 찾기

다음에 소개하는 기술 중에 어느 것을 기술혁신이라고 생각하는가. 그 이유를 말해 보자.

a) 출력한 서류를 책상까지 가져다주는 자주식 로봇 프린터
b) 혈당치를 눈물로 측정할 수 있는 스마트 콘택트렌즈

💡 혁신인가 자기만족인가

뉴욕에 거주하는 유대인과 대화를 나누던 중 자주식 로봇 프린터가 화제에 올랐다. 자주식 로봇 프린터란 컴퓨터가 출력 지시를 내리면 서류를 출력해 직접 책상까지 가져다주는 로봇을 말한다. 일본의 모 기업이 개발한 이 로봇은 다른 사람이 자신의 서류를 볼 수 없다는 큰 장점이 있다.

일본 기술자가 이러한 기술 개발에 몰두한 이유는 편리성 때문이다. 많은 일본인들은 출력한 서류를 책상까지 가져다주는 기술이 매

우 편리하다고 생각했다. 그러나 미국을 비롯한 다른 나라에서는 이러한 로봇이 개발 명단에 오르지도 않는다. 출력한 서류는 공용 프린터가 있는 곳에 가서 가지고 오면 그만이라고 모두가 생각하기 때문이다.

뉴욕에 거주하는 유대인은 이렇게 말했다.

"일본은 일본이라는 특수한 시장에 맞춰 기술 개발에 몰두했지만, 그러한 기술에는 보편성이 없다. 그저 자기만족일 뿐이다."

일본의 기술 개발이 '기술을 위한 기술'이라고 조롱받는 이유가 여기에 있다.

반면에 스마트 콘택트렌즈는 혈당치 측정을 '웨어러블(옷이나 시계, 안경처럼 자유롭게 몸에 착용하고 다닐 수 있는 것)'한 것으로 당뇨병 환자의 생활을 돕는 기술이다. 스마트 콘택트렌즈는 구글이 개발했다.

지금까지 혈당치를 측정하려면 주사기를 사용해야 했기 때문에 시간과 고통이 뒤따랐다. 몸 관리를 게을리 하면 최악의 경우 목숨에 지장이 생길 위험이 있는 만큼, 당뇨병환자에게 있어서 혈당치 측정이란 매우 중요한 역할이다. 스마트 콘택트렌즈는 평소 혈당치를 측정할 때 동반되던 고통과 위험을 감소시키는 획기적인 기술이다. 콘택트렌즈 센서가 눈물을 항상 측정하고 혈당치를 모니터링하기 때문이다.

이 책을 집필한 2015년, 스마트 콘택트렌즈 기술 면허를 취득한 스위스 제약회사 노바티스가 이 기술의 개발과 상품화를 진행했다.

실용화되면 당뇨병환자의 삶의 질에 크게 공헌한다. 스마트 콘택트렌즈는 당뇨병환자에게 없어서는 안 되는 기술이다. 로봇 프린터와 스마트 콘택트렌즈, 어느 것이 사람과 사회에 유용하고 보편적인 기술인지 잘 알 것이다.

유대인들은 로봇 프린터와 같이 자기만족에 빠지기 쉬운 기술 개발에 힘을 쏟는 것보다도 사람들의 생활에 좋은 영향을 주는 혁신적인 기술 개발에 힘을 쏟아야 한다고 생각한다.

기술도 삶에 영향을 주는 혁신이 필요하다

삶에 효과를 주는 기술혁신 중의 하나가 이스라엘이 개발한 리워크(ReWalk) 로봇이다. 로봇이라면 세계 최첨단을 달리는 혼다의 아시모(ASIMO)가 가장 유명하지만, 현재까지 아시모가 사람에게 유용하게 쓰이는 사업에 실용화되었다는 이야기를 들은 적이 없다. 아시모가 누워만 있는 환자의 욕창을 방지하기 위해 환자의 몸을 움직여 줄 수 있을까?

기관절개구에 호스를 넣고 가래를 빼줄 수 있을까? 관장을 할 수 있을까? 아시모는 리워크처럼 미국 식품의약국(FDA)의 치료기구 허가를 받지 못했을 뿐만 아니라 하반신 마비 환자의 보행지원 로봇으로써 FDA나 다른 나라의 허가도 받지 못했다.

인공지능 관점에서 보면, 리워크는 아사모에 비해 한참 뒤떨어진 로봇이다. 그러나 하반신 마비 환자는 리워크 덕분에 휠체어에서 벗어나 하루 종일 생활할 수 있는 은혜를 받았다. 아시모는 사람에 가까운 로봇이라는 개발 목표로 나날이 진화하고 있지만 아무래도 '기술을 위한 기술' 로밖에 보이지 않는다. 그것에 비해 리워크는 처음부터 휠체어 환자의 보행지원 로봇이라는 목적으로 개발되었다. 사업으로써도 단순명쾌해 리워크는 이미 나스닥에 상장되어 있다. 리워크 로봇의 개발 목적은 오로지 '휠체어에서 벗어나자.' 이다.

 근본적 가치를 먼저 떠올린다

유대인들이 보편적인 가치를 중시하는 이유도 평소의 사고 습관에 원인이 있다. 예를 들어 유대인의 식사 율법 '코셔'에는 유대인이 먹어야 할 음식과 먹지 말아야 할 음식을 엄격하게 규정한다. 그러나 '무엇 무엇은 먹지 미라.'는 성서의 말에 대해서도 유대인들은 "왜 먹지 말라는 걸까?" 하고 의문을 던진다.

코셔에서 금지하는 음식은 돼지고기, 새우, 굴, 문어, 오징어 등 무수히 많다. 또한 소를 죽일 때에는 되도록 고통을 주지 말아야 한다는 도살법이 규정되어 있을 정도로 코셔의 조건은 매우 까다롭다.

그러나 유대인이 식사 율법을 지키지 않으면 안 되는 이유에 대해서는 적혀 있지 않다. 먹어도 되는 음식과 먹으면 안 되는 음식을 일괄적으로 보여주고 있을 뿐이다. 전 세계를 둘러보면, 최근 유대인 율법을 따른 '코셔 음식'이 비행기 기내식으로도 제공되는 등 많은 부분에서 유대인들은 자신의 권리를 되찾았다. 그러나 유대인이 많지 않고 코셔 음식도 거의 제공되지 않는 나라에서는 먹지 말아야 할 음식들이 많아 식사 율법을 지키기가 매우 어렵다. 그러나 나를 포함한 경건한 유대인들은 율법에 정해진 음식은 꼭 지킨다.

다만 유대인들은 율법을 맹목적으로 지키지는 않는다.

"하나님을 믿으면 천국에 갑니다."

이 말에 아무 의심 없이 하나님을 믿는 사람들도 우리나라에는 많이 있다.

그러나 유대인들은 다르다.

'왜 성서에는 조개, 굴, 새우, 오징어, 문어, 가재, 해삼, 상어 지느러미, 자라, 사슴고기, 멧돼지, 곰을 먹지 말라고 쓰여 있을까.' 하고 생각한다.

의문이 근본적인 가치를 이끌어낸다

유대인들은 율법에 대해 생각하지만, 율법을 따르지 않겠다고 결론 내지는 않는다. 유대인들에게 있어서 〈구약성서〉는 절대적 존재이기 때문이다. 그러면 무엇을 위해 생각하고, 무엇을 위해 토론할까. 우리는 이런 의문이 들지도 모른다.

"토론이 재미있나요?"

언젠가 어떤 사람이 나에게 물은 적이 있다.

"네, 재미있습니다." 하고 대답했다.

그러자 그 사람은 나에게 또다시 질문을 했다.

"유대인들은 도대체 무엇을 얻으려고 토론을 하나요?"

유대인은 다른 어떤 것도 아닌 토론 그 자체를 원한다. 유대교 교사인 랍비가 가르쳐준 말이지만, 유대교의 본질은 '왜?'라는 물음에 있다. 모든 것에 의문을 품고 '왜?' 하고 질문하는 사고가 유대교에서는 매우 중요하다.

'신은 존재한다. 그 존재를 한 치의 의심 없이 믿어야 한다.' 하고 그대로 믿어버리는 사람은 '신'이라는 존재를 거의 이해해지 못하는 상태다. '왜?'라고 계속해서 의문을 품으면 비로소 '신'의 존재에 가까워진다. 유대교에 맹신자와 광신자가 존재하지 않는 이유도 여기에 있다.

신은 '자신과 닮은 존재'를 만들기 위해 아담과 이브를 만들었다고 성서에 쓰어 있다.

유대인들은 이 말에 또다시 '왜?' 하고 의문을 던진다.

신은 왜 자신과 닮은 인간을 만들었을까?

그리고 토론은 이렇게 이어진다. 신은 개와 자신을 닮지 않게 만들었다. 그렇다면 개는 신에게 있어서 어떤 존재일까? 인간의 존재와 개의 존재는 어떻게 다를까? 자신과 닮은 인간에게 신은 무엇을 기대했을까? 인간은 신의 어디와 닮았을까? 인간의 어디가 신과 닮았을까?

신이 왜 인간을 자신과 비슷한 모습으로 만들었는지 그 의미를 깨닫고, 자신들의 존재 의식을 확인하기 위해 토론을 벌인다.

이 토론에 얽힌 〈탈무드〉의 유명한 설화가 있다.

"신이 자신과 비슷한 인간을 만든 이유는 인간에게 신의 의지를 체현하도록 하기 위한 것이다."

그러면 인간은 어떻게 태어났을까. 인간이 신의 의지를 체현하기 위해서 우리는 우선 보편적인 도덕을 배워야 한다. 유대인들은 이렇게 해서 도덕을 배우기 시작했다.

보편적인 도덕이란 무엇일까? 그것은 다른 나라 사람들이 생각하는 도덕과 다를까? 도덕과 논리는 다른 것일까? 도덕은 누가 만든 걸까? 사람이 만든 걸까, 신이 만든 걸까? 사람이 도덕을 만든 것이라면 국회가 만든 것일까, 정부가 만든 것일까? 국회나 정부가 도덕을 만들었고 신 또한 도덕을 만들었다면 우리는 누가 만든 도덕을 지켜야 할까?

신은 또한 인간을 용서하지 않고 불태워 죽였다. 우리는 신에게 자비심을 느끼지 못하지만, 유대인들에게 있어서 신은 자비롭다. 창세기 시대에 신은 악인으로 가득한 소돔과 고모라 마을을 불태워 수만 명의 목숨을 앗아갔다고 성서에 쓰여 있다. 노아의 방주에서는 신은 화가 나 대홍수를 일으켰고, 그로 인해 수만 명이 익사했다.

이것은 즉 '신의 가르침을 거스르는 사람은 용서하지 않는다.'는 신의 메시지다. 이 정도로 가혹한 신이란 도대체 어떤 존재일까. 신의 잔혹성을 표면적으로만 받아들이면 절대 신의 진의를 알지 못한다. 여기서 유대인들은 생각했다.

"신은 왜 자신의 가르침을 거스르는 사람을 불태웠을까?"

이 질문에 우리는 이렇게 대답할 수 있다.

"신이 인간을 만들었기 때문에 인간의 목숨을 구하는 것도 죽이는 것도 신의 뜻에 있다."

인간의 목숨을 쥐고 있는 것은 신이다. 신 앞에서는 누구나 평등한 존재라는 뜻이다.

한편 이렇게도 말할 수 있다. 누군가를 살리고 죽이는 일은 신만이 할 수 있다. 그렇다면 인간들끼리는 서로 목숨의 가치를 측정할 수 없다. 즉 인간이 마음대로 'A의 목숨은 중요하지만 B의 목숨은 중요하지 않다.'고 결정할 수 없다는 뜻이다.

따라서 유대인들은 사람을 죽여서는 안 되고, 자살도 허용하지 않는다. 유대인들에게 자살이 죄가 된 이유는 이러한 배경에서다.

사람이 사람을 죽이는 일이 허용되지 않는다면 사형제도도 허용되지 않는 걸까. 자기방어를 위해 공격하는 사람을 죽이는 행동도 허용되지 않는 걸까. 불치병에 걸린 사람을 안락사시키는 의료 행위는 어떨까. 산모의 생명이 위험할 때 태아를 인공 유산 시키는 일도 허용되지 않는 걸까?

이렇게 유대인들은 인간이 헤아릴 수 없는 신의 행동에(대부분이 자연현상이고 가끔은 초현실적인 현상으로 유대인들에게는 가혹한 현상이다.) '왜?' 하고 묻는 태도로 '인간이란 무엇인가.', '인간이 살아가는 의미는 무엇인가.', '이 세상이란 무엇인가.'에 대해 생각해 왔다.

'왜?' 하고 의문을 품는 습관이 본질적이고 근본적인 가치를 철저히 추구하는 유대인 기질을 낳는다. 그러면 실제로 유대인들은 어떠한 의문을 품으면서 그 존재를 이해하려고 했을까.

⟨Class 2⟩에서 소개한 ⟨구약성서⟩의 토론을 계속해서 재현해보자. 사고의 흐름을 따라가 보자.

Why 그럼 어떻게!

유대교의 본질은 '왜?'라는 물음에 있다. 세상 모든 것에 의문을 품고 '왜?' 하고 질문하는 사고가 유대교에서는 매우 중요하다. '왜?' 하고 의문을 품는 습관이 본질적이고 근본적인 가치를 철저히 추구하는 유대인 기질을 낳는다.

빛의 세계와 어둠의 세계의 구분은?

1:3 And the God said, Let there be light: and there was light.
1:4 And God, looking on the light, saw that it was good: and God made a division between the light and the dark.
1:5 Naming the light, Day, and the dark, Night, And there was evening and there was morning, the first day.
(1장 3절: 하나님이 이르시되 빛이 있으라 하시니 빛이 있었고
1상 4절: 빛이 하나님이 보시기에 좋았더라 하나님이 빛과 어둠을 나누사
1장 5절: 하나님이 빛을 낮이라 부르시고 어둠을 밤이라 부르시니라 저녁이 되고 아침이 되니 이는 첫째 날이니라) (《구약성서》 '창세기' 앞부분)

Problem

1장 4절대로 신은 빛과 어둠을 나누었다. 신은 왜 빛과 어둠을 나누었을까?

의문을 철저하게 파고들자

빛과 어둠은 신이 만들려고 한 세상을 이해하는 데 중요한 핵심

어다. 빛과 어둠이 무엇을 상징하는지 의식하면서 이 질문에 어떻게 대답할지 생각해 보자. 〈구약성서〉에 나와 있는 모든 내용은 비유(Metaphor)로 이루어져 있다. 성서의 이야기를 빌어 그 이유를 설명하는 것이다.

신은 왜 빛과 어둠을 구별했을까?

생각에 따라서는 빛과 어둠을 구별하지 않고 한데 섞어서 달빛만큼만 밝은 세상을 만들어도 좋지 않았을까. 분리(division)가 아닌 혼합물(mixture)로 만들 수도 있었다는 뜻이다.

이 내용은 〈탈무드〉에서도 중요한 토론 주제로 다뤄진다. 이 토론이 중요하게 다뤄지는 이유는 빛과 어둠을 완전히 분리시켰다는 것 즉 대립하는 형태로 만들었다는 데에 있다. 빛과 어둠은 대립하기 때문에 신은 그것을 구별했다. 그러면 빛과 어둠이 상징하는 '대립'이란 무엇일까? 〈탈무드〉에서는 다음과 같은 설을 유력하게 보고 있다.

빛(light)이란 즉 올바름(right)이다. 선과 정의를 상징하는 것이다. 반면에 어둠(dark)은 악을 의미한다. 선과 악, 정의와 불의, 자비와 잔인함. 이 두 가지는 절대 같이 있을 수 없는 성질이다. 그렇기 때문에 구별해서 만든 것이다.

신은 왜 빛과 어둠을 구별했을까. 이 질문에서 하나의 고찰을 얻을 수 있다. 신은 빛과 어둠과 함께 선과 악, 정의와 불의, 자비와 잔인함을 만들었다. 이것은 신이 만들려고 한 세상을 이해하는 첫걸음이다. 그럼 계속해서 살펴보자.

1:4 And God, looking on the light, saw that it was good: and God made a division between the light and the dark.
(1장 4절: 빛이 하나님이 보시기에 좋았더라 하나님이 빛과 어둠을 나누사)

신은 선=light 향해서는 '좋았더라.(is was good.)'고 말했지만, 악=dark에 대해서는 '좋았더라.(is was good.)'고 말하지 않았다. 즉 신은 악의 존재를 인정하지 않은 것이다.

신은 왜 악의 존재를 남겨두었을까. 신은 악의 존재를 인정하지 않으려 했다. 그런데도 악의 존재를 이 세상에 남겨두고, 선만 있는 세상을 만들지 않았다. 신의 이러한 태도는 모순 아닐까.

〈탈무드〉에는 "선만 있는 세상을 만들면 인간은 악이 무엇인지 알지 못하게 된다. 인간에게 '선이란 무엇일까.'를 깨우쳐주기 위해 굳이 악을 남겨놓았다."는 유력한 설이 있다. 여기서 1장 3절부터 1장 4절까지 주의 깊게 읽어보면 또 하나의 의문이 솟구칠 것이다.

1:3 And the God said, Let there be light: and there was light.
1:4 And God, looking on the light, saw that it was good: and God made a division between the light and the dark.
(1장 3절: 하나님이 이르시되 빛이 있으라 하시니 빛이 있었고
1장 4절: 빛이 하나님이 보시기에 좋았더라 하나님이 빛과 어둠을 나누사)

신은 '빛이 있으라.(Let there be light.)'고 말하면서 빛을 만들었지만 '어둠이 있으라.(Let there be darkness.)'고 말하지 않았다.

즉 의도적으로 어둠을 만들지 않았다고 생각할 수 있다. 그러면 어둠은 어떻게 만들어졌을까. 이 질문에 대해 〈탈무드〉에서는 이런 설을 제기하고 있다.

"신이 빛을 만들 때, 빛이 닿지 않는 부분에 어둠이 생겼다."

즉 어둠이란 빛이 닿지 않는 부분에 자연히 생긴 것이라는 뜻이다. 빛이 있기 때문에 어둠이 있다. 또한 반대로 어둠이 있기 때문에 빛이 있다. 빛과 어둠은 두 개이면서 하나다.

똑같이 선과 악, 정의와 불의, 자비와 잔인함도 각각 하나를 이루고 있다. 신은 대립하는 모든 것을 조각보 이불처럼 짝을 이루어 이 세상을 만들었다. 그것이 인간에게 있어서 득인지 해인지 알 수는 없지만, 어쨌든 신은 그러한 세상을 만들었다. 이러한 토론을 통해 알 수 있는 것은, 신은 이 세상에 '선'과 '악'을 한 쌍으로 만들었다는 사실이다. 신은 악의 존재를 받아들이지 않았지만, 무언가의 필연성 때문에 악을 남겨두었다. 우리는 이러한 생각을 통해 신이 만든 세상을 이해하고 그 세상에 한 걸음 더 가까워지게 된다.

1장 5절에는 신이 첫째 날을 만든 장면이 나온다.

1:5 Naming the light, Day, and the dark, Night, And there was evening and there was morning, the first day.

(1장 5절: 하나님이 빛을 낮이라 부르시고 어둠을 밤이라 부르시니라 저녁이 되고 아침이 되니 이는 첫째 날이니라)

빛과 어둠을 각각 낮과 밤이라고 부르고 첫째 날을 만들었다. 즉 하루 안에 빛이 있는 세상과 어둠이 있는 세상을 동시에 만들었다. 그 이유는 무엇일까. 빛과 어둠을 완전히 구별할 생각이었다면 '빛이 있는 하루'와 '어둠이 있는 하루'처럼 각각 다른 하루를 만들어야 했다. 아니면 1년 365일 동안에 빛이 있는 세상을 183일, 어둠이 있는 세상을 182일 만들어도 좋았을 것이다.

신은 왜 이런 세상을 만들지 않았을까. 이것은 선과 악의 관계를 어떻게 받아들이는가 하는 문제로 이어진다. '노아의 방주'에서도 이와 비슷한 의문을 보여주고 있기 때문에 그 이유는 '노아의 방주'에서 살펴보기로 하자.

Why 그럼 어떻게!

유대인들은 율법을 맹목적으로 지키지는 않는다. 또한 창세기 1장 4절의 신이 '빛과 어둠을 나누었다.'고 한 것까지 그대로 받아들이지 않고 '왜 신은 빛과 어둠을 나누었을까?' 하고 철저하게 의문을 파고든다.

노아의 방주의 진실

신이 분노하여 지상에 대홍수를 일으켰을 때 남자와 여자, 동물도 수컷과 암컷 한 쌍씩 노아의 방주에 올라탈 수 있었다. '선'이 방주에 오르려 하자 신은 '짝을 이루어야만 방주에 탈 수 있다.'고 말하고 '선'의 승선을 거절했다.

그래서 '선'은 다른 '선'을 데리고 왔지만, 신은 '선은 선끼리 짝을 이룰 수 없다.'고 말하면서 또다시 승선을 거절했다. 어쩔 수 없이 '선'은 자신이 가장 싫어하는 '악'을 데리고 왔고, 신은 그제야 승선을 허락했다.

Problem

신은 우리에게 '선'과 '악'의 관계를 무엇이라 가르쳐주고 있는지 생각해 보자.

 '왜?'라는 생각 끝에 보이는 것이 있다

노아의 방주에는 짝을 이룬 것들만 오를 수 있었다. 그래서 선과 악이, 고통과 즐거움이, 독과 약이, 축복과 재앙이, 부와 가난이 짝을 이루어 배에 올랐다. 모순되는 두 가지가 각자 따로 존재하는 것이 아니라 항상 같이 다닌다는 세상의 모습을 표현한 것이다.

선은 승선을 거절당했지만 악을 데리고 와서 방주에 오를 수 있었다. 여기서 중요한 점은 선이 악과 손을 잡았다는 사실이다. 선과 악이 이 세상에 존재한다는 사실만으로는 부족하다. 선과 악은 손을 맞잡은 상태로 존재한다. 즉 표리일체와 밀접한 관계가 있다는 뜻이다.

선과 악은 각자 존재하면서 같이 생활하고 있다. 사람으로 말하자면 한 사람의 얼굴 속에 선인의 얼굴과 악인의 얼굴이 같이 존재한다는 의미와 같다. 선인과 악인이 따로 존재한다고 생각하면 안 된다. 신이 만든 세상은 선과 악이 공존하는 세상이다.

그리고 신이 이 세상에 선과 악을 만든 결과, 선인의 얼굴과 악인의 얼굴을 바꾸어가면서 자신의 이익만을 추구하려는 사람들이 생겨났다. 이러한 세상의 모습을 이해하지 못하면 국제 정치에서도 크게 손해를 본다.

예를 들면 미국은 여러 가지 일에 기준을 정해놓고 '세계 기준'이라는 명목으로 전 세계에 보급하고 있다. 자금세탁 규제와 은행 규제, 국제은행 규제, 증권거래법 규제, 회계기준 등이 그 일례다. 우리는 미국이 '선인의 얼굴'로 '세계 기준'을 규정하고 있지는 않은지 의심해 보아야 한다. 그러나 대부분의 나라의 사람들은 '착한 미국인'이 하는 말이라면서 전면적으로 받아들이기만 할 뿐, 미국이

'선인의 얼굴'과 '악인의 얼굴'을 동시에 보여주고 있다고는 조금도 의심하지 않는다.

사실 '국제 기준'이란 다른 나라의 법에 개입하면서 자신의 이익을 추구하려는 속셈 아닐까?

국제 정치에 있어서도 마찬가지다. 아무 의심 없이 'IS는 잔인하다.'며 미국과 입을 맞춘다면, 미국의 변모에 휘둘릴지도 모른다. 어느 날 갑자기 미국이 다른 나라와 손을 붙잡고 '아시아 사람들은 잔인하다.'고 말할 가능성도 있기 때문이다.

이야기를 처음으로 되돌려보자. 이러한 사실에 근거해 신이 왜 선과 악을 만들었는지 더욱더 깊이 생각해 보자. '에덴동산' 이야기에 신의 의도를 알 수 있는 한 가지 비밀이 있다.

'에덴동산'에서는 아담과 이브가 금기의 나무 열매를 먹고 난 후 선악을 구별할 수 있었다고 이야기한다. 즉 신은 선악을 구별할 수 있게 된 인간을 선과 악이 공존하는 세상에 살게 했고, 선택에 자유를 주었다. 인간에게는 선을 선택할 자유가 주어졌고, 반대로 악을 선택할 자유도 주어졌다. 악을 선택하는 행동은 당연히 신의 기대를 저버리는 일이다. 그렇기 때문에 인간에게는 신을 저버릴 자유도 주어진 것이다. 선으로만 된 세상을 만들었다면 좀 더 평화로웠을 텐데 신은 왜 악이 있는 세상을 만들고 '무엇을 선택하든지 인간의 자유다.'라는 방관하는 태도를 보였을까.

〈구약성서〉도 신의 이러한 태도에 의문을 품지는 않았을까. 만약

이 세상에 선만 존재했다면 인간은 누구나 품행이 단정하고, 외도를 저지르는 사람은 없었을 것이다. 아마 외도 자체가 존재하지 않았을지도 모른다. 외도에도 자유가 있기 때문에 악마의 속삭임이 들려올 때 인간의 마음속에서는 갈등이 생기기 시작한다. 갈등과 싸워 외도를 하지 않는 행동을 선택했다면 '선'이라는 자유를 선택한 것이기 때문에 '훌륭하다.'는 평가가 주어진다.

폭력배에게는 나쁜 측면이 많지만 사회적으로 어려운 일이 생겼을 때 구원 물자를 배송하는 등 구원활동을 벌이는 선한 면도 있다. 이것이 현실이다. 인간에게 선과 악을 선택할 자유를 주었지만 신은 인간이 선을 선택하기를 기대했다.

선과 악이 공존하는 세계에 인간을 살게 했지만 신은 인간이 자신들이 바라는 세상을 만들기를 원했다. 신은 밝은 선과 어두운 악을 구별할 수 있는 인간을 기대했다.

 'How'가 아닌 'Why 그럼 어떻게!'로 질문하자

지금까지 보았듯이 '왜? = Why 그럼 어떻게!'라는 물음으로 사물의 본질과 근본에 가까워지는 것이 유대인식 접근 방법이다. 반대로 '어떻게? = How'라고 묻는 것은 과학적 접근 방법이다.

예로 들어 '빅뱅은 어떻게 일어났을까?'를 해명하는 것은 과학이고, '빅뱅은 왜 일어났을까?'를 생각하는 것은 종교다.

〈Exercise 18〉에서 소개한 로봇 프린터와 스마트 콘택트렌즈의 이야기로 다시 돌아가면 '어떻게?'라는 생각 끝에 만들어진 것이 로봇 프린터다. 프린터를 사용하는 사람들이 필요 이상으로 편리성을 추구했고 그것을 실현한 것이 로봇 프린터다. 로봇 프린터가 사람들에게 편리성을 제공하기는 했지만, 사실 로봇 프린터는 없어도 상관없는 기술이다.

반면에 '왜?'라는 의문에서 개발된 것이 스마트 콘택트렌즈다. 혈당치를 측정할 때 혈액이 필요하다는 상황을 감안해 '왜 혈액이어야만 할까?', '혈액 말고 다른 것으로 혈당치를 측정하는 방법은 없을까?', '혈당치를 조금 더 쉽게 측정하는 방법은 없을까?'를 생각한 기술자가 있었을 것이다.

'왜?'라는 의문으로 당뇨병환자에게 정말로 필요한 것이 무엇인지 생각했고, 그 생각이 그들의 생활에 없어서는 안 되는 기술 개발로 이어졌다. 본질적인 가치에 가까워지기 위해서는 일상에서 '왜?'라고 묻는 습관이 중요하다. 우리나라 사람들은 '어떻게?'라고 묻는 과학적인 접근 방법에는 뛰어나지만, '왜?'라는 사고는 의식하지 않는다.

'하루 세 끼 식사가 왜 건강에 좋을까?', '왜 암에는 화학치료가 필요할까?' 등 누구나 의문을 품지 않는 상식에 대해서도 '왜?' 하고 의문을 품어야 한다. 이렇게 상식에도 의문을 품는 습관을 가져야 사물의 표면이 아닌 본질을 볼 수 있게 된다.

'**Why 그럼 어떻게!**' 사고가 본질로 이끈다

'왜?'라고 묻는 유대인 사고는 모든 분야와 영역에서 유용하게 쓰인다. 법률 세계를 예로 들어 말하면, 국회가 성립한 법률은 수만 가지가 넘는다. 그 법률을 전부 이해하고 기억하는 공부보다 '법률은 왜 존재하는가?', '법이 지향하는 정의란 무엇인가?' 등 법철학을 공부해야 실천적인 변호사가 된다. 즉 법철학을 공부한 변호사가 수만 가지의 법률을 필사적으로 외운 변호사보다 뛰어난 준비서면과 최종변론을 할 수 있다.

그 이유는 법철학을 공부하면 법률의 본질에 가까워질 수 있기 때문이다. 본질은 시간이 경과해도 변하지 않는다. 한편 수만 가지 법률은 매일매일 그 내용을 바꾼다. 현재 국회에서는 빈번하게 법 개정이 행해지고 있고, 그것을 일일이 파악하는 데도 엄청난 노력이 필요하다.

중요한 점은 본질을 파악하는 것이다. 법률의 본질을 공부하면 틀림없이 최고의 변호사가 될 수 있다. 경영자 양성 학교도 마찬가지다. 소비자에게 물건을 팔고 싶다면 '사람은 왜 물건을 사는 걸까?'를 생각하면 된다. 그러면 반드시 '인간이란 무엇일까?'라는 본질에 가까워진다.

그러나 현실의 경영자 양성 학교에서 가르치고 있는 것은 '어떻게 하면 소비자에게 물건을 팔 수 있을까.'라는 과학적인 방법이고, '인간이란 무엇일까.'라는 본질론, 예를 들면 문화인류학적인 접근 방법은 가르쳐주지 않는다. 인간에 대해 보다 많이 이해하면 물건은 팔지 않아도 된다.

미국, 영국에서는 전쟁에서조차 문화인류학적인 접근 방법이 빠지지 않는다. 예로 들어 영국 런던에 있는 유명한 공립 대학 소아즈(런던 대학교 소속의 아시아, 중동, 아프리카 지역학을 전문으로 하는 단과대학)가 그 중심이다. 소아즈에 흥미가 있다면 독자가 직접 찾아보기를 바란다.

Why 그럼 어떻게!

본질적인 가치에 가까워지기 위해서는 일상에서 '왜?'라고 묻는 습관이 중요하다. 상식에도 의문을 품는 습관을 가져야 사물의 표면이 아닌 본질을 볼 수 있게 되며, 본질은 시간이 경과해도 변하지 않는다.

PART 3
미래를 창조하는 힘을 키우자

혁신적 사고편

CLASS 7
발상전환을 위한 기본

다른차원으로

사물을 보자

왜 사과는 땅으로 떨어졌을까

💡 **뉴턴, 코페르니쿠스적 발상에서 한걸음 더 나아가**

사과나무에서 사과가 떨어졌다. 이 모습을 보고 우리는 무슨 생각을 할 수 있을까?

사과가 나무에서 떨어진 모습을 보고 '왜 사과가 떨어졌을까?' 하고 생각하는 영국사람(뉴턴), 사과가 나무에서 떨어진 모습을 보고 가을의 쓸쓸함과 인생무상을 생각하는 한국 사람. 유대인이라면 분명 이렇게 생각했을 것이다.

'왜 사과는 하늘로 올라가지 않고 땅으로 떨어졌을까?'

이런 생각이 발상의 전환이다.

또 하나 예를 들어보자. 해가 동쪽으로 떠서 서쪽으로 지는 모습을 보고 '왜 태양은 하늘 주변을 맴도는 걸까?' 하고 생각하는 것이 코페르니쿠스적 발상의 시초다.

유대인이었다면 이렇게 생각했을 것이다.

'은하계에서 보면 태양과 지구가 어떻게 움직이는 걸로 보일까?' 유대인들은 항상 남들과 다른 각도, 다른 태도로 사물을 바라본다.

이와 같은 의미로 우리도 자주 "사물을 다방면으로 보아야 한다."고 말한다. 그러나 우리가 말하는 '다방면'적인 시각과 유대인식의 사고로 사물을 바라보는 시각은 근본적으로 다르다. 어떤 점에서 차이가 있다는 걸까.

우리가 말하는 '다방면'이란 같은 물체를 다양한 각도로 보는 것을 말한다. 예로 들어 컵을 위에서 내려다보면 동그란 모양으로 보이지만, 옆에서 바라보면 사각형 모양으로 보인다. 즉 보는 사람의 위치에 따라 사물의 모양이 바뀐다는 뜻이다. 그러면 내가 보고 있는 사물이, 반대로 나를 보고 있다면 어떻게 될까.

다시 말해 컵이 나를 바라보고 있다고 생각해 보자. 이러한 생각이 주객전도 발상이다. 코페르니쿠스의 발상이 바로 이런 주객전도 발상으로, 태양이 지구 중심으로 도는 것이 아니라 지구가 태양 중심으로 돈다는 지동설을 낳았다.

그러나 유대인들은 주객전도 발상에서 더 나아가 좀 더 다른 차원으로 사물을 바라본다. 자신의 시각도 상대방의 시각도 아닌, 이차원(異次元)에 자신과 상대방을 바라본다. 이차원에 서면 지금 나와 상대방이 존재하는 차원에서 벗어나 즉 상식과 질서 또는 고정관념에서 벗어나 자유로운 발상을 할 수 있게 된다. 이러한 관점이 역발상을 낳는다.

유대인 특유의 발상인 이차원적 관점에 대해서는 다음에 소개하는 〈탈무드〉와 함께 자세히 설명하겠다.

💡 역발상으로 풍성해진 창의력을 구현한다

발상의 전환을 무기로 유대인들은 수많은 기술 혁신을 만들었다. 현재 자동차 산업의 주역인 전기자동차가 그중의 하나다. 전기자동차는 긴 충전 시간에 비해 주행거리가 짧고, 고가의 충전지가 그만큼 차체의 가격을 높여 좀처럼 시중에 보급되지 않고 있는 실정이다. 우리의 발상으로 생각한다면 '충전 시간을 줄이고 주행거리는 늘리는' 방법에 집중할 것이다. 즉 충전지의 성능을 개선하고 불필요한 에너지를 줄이자는 생각이다.

그러나 유대인의 발상은 전혀 다르다. 충전 시간은 그대로 두고, 전기자동차의 보급을 늘릴 생각을 한다. 이스라엘의 벤처기업은 충전된 전지를 다른 전지로 교환하는 방법을 생각했다. 전지 교환 매장을 만들어 다 쓴 전지를 자동차에서 떼어내 새로운 전지로 교환하는 방법이다. 전지를 교환하는 시간은 30초밖에 걸리지 않는다. 기존의 전기자동차들은 전지와 차체가 일체형이었다.

하지만 차체에서 전지를 떼어내 재사용한다는 발상으로 전기자동차의 가격을 내릴 수 있었다. 소비자는 일반 자동차의 가격과 비슷한 가격으로 전기자동차를 구입한 후 충전된 내용물 즉 충전제 전지에 대해서만 돈을 지불하면 된다. 이것이 발상의 전환이다.

또 하나 소개할 것이 주머니 속에 넣고 다니는 휴대용 프린터다. 휴대용 프린터란 종이 위에 올려놓기만 하면 프린터가 알아서 종이 위를 돌아다니며 인쇄하는 기계를 말한다. 종이만 있으면 언제 어디서나 인쇄가 가능하고, 프린터가 자체적으로 움직이기 때문에 어떠한 크기의 종이도 문제없다.

이 휴대용 프린터도 이스라엘의 스타트업이 개발했다. 지금까지 우리가 사용하던 프린터는 부피가 커서 한 곳에 놓고 사용할 수밖에 없었다. 그러나 유대인은 그 프린터를 손바닥만 한 모바일로 만들어 사무실 밖에서도 사용할 수 있도록 만들었다. 프린터가 작아 종이를 인쇄할 수 없다면, 프린터가 직접 움직이면 그만이라고 생각했다.

이것도 발상의 전환이다.

이것들은 모두 전기자동차란 이런 것이다, 프린터란 이런 것이라는 틀에 박힌 상식과 고정관념에서 벗어난 자유로운 발상이 만든 기술 혁신이다. 그럼 유대인들은 자유롭고 유연한 발상을 어떻게 배웠을까.

💡 사고력의 증진이 살 길을 찾아낸다

유대인들은 초현실적인 이야기로 가득 찬 〈구약성서〉를 매일같이 읽으면서, 성서에 나온 비유가 무엇에 대한 가르침인지를 습관처럼 토론한다고 앞에서도 이야기했다. 이러한 습관이 사고의 틀에서 벗어나 자유롭게 생각할 수 있는 능력을 키워주었다. 유연한 사고의 비결 중의 하나가 비유다. 우리는 비유(Metaphor)에 상당히 취약하다. 대부분의 사람들은 감정으로 형상을 좇기 때문이다. 다음 장의 비유를 보고 유연한 사고를 키워보자.

Why 그럼 어떻게!

유대인들은 주객전도 발상에서 더 나아가 좀 더 다른 차원으로 사물을 바라본다. 자신의 시각도 상대방의 시각도 아닌, 이차원(異次元)에 자신과 상대방을 바라본다. 이차원에 서면 지금 나와 상대방이 존재하는 차원에서 벗어나 즉 상식과 질서 또는 고정관념에서 벗어나 자유로운 발상을 할 수 있게 된다. 이러한 관점이 역발상을 낳는다.

송아지와 족제비 중 어떤 동물을 먼저 구할까?

도살장에서 민가로 도망쳐와 살려달라고 애원하는 암송아지가 있다. 그리고 때마침 숲속에서 길을 잃고 민가로 들어온 수컷 족제비가 있다.

Problem

우리는 송아지와 족제비 중 어느 것을 구해줄 것인가?
이 〈탈무드〉의 이야기는 무엇을 비유하는 걸까? 그 이유를 생각해보자.

 사고의 실마리가 되는 추상화

생각하기에 앞서 다음에 제시한 힌트를 참고해 보자.

힌트 1 ─────────────────────────

'불쌍하다.'는 감정으로 판단해서는 안 된다. 다른 사람들은 뭐라고 할지 세상의 눈으로 결정해서도 안 된다. 이 비유는 사람의 정서,

감정, 체면, 세상의 이목에서 벗어나 유연한 사고를 키워주기 위해 유대인들에게 자주 들려주는 설화다.

힌트 2

족제비를 파리로 바꿔서 생각해 보자. 그렇다면 대답이 바뀌는가?

힌트 3

송아지와 족제비는 무엇을 비유한 것일까? 송아지와 족제비를 추상화하면 각각 어떤 상위개념이 만들어지는가? 송아지와 족제비가 어디서 왔는지를 생각하면 이해하기 쉬워진다.

힌트 4

송아지와 족제비를 구해주는 이유를 생각해 보자. 그러면 이해하기 쉬워질 것이다. 아래에 유연한 사고력을 키워주기 위해 자주 인용되는 두 가지 비유를 소개하겠다.

이집트군에게 쫓겨 모세를 따라가던 유대인들이 홍해 연안에 다다랐을 때 바다가 갈라지는 기적이 일어났다. '바다가 갈라졌다.'는 형상은 무엇을 비유한 것일까? 유대교가 3천 년에 걸쳐서 만든 식사 규율에는 유제품과 소고기를 같이 먹어서는 안 된다고 규정하는 내용이 있다.(출애굽기 23장 19절, 34장 26절, 신명기 14장 21절.)

그래서 유대인들은 스테이크를 먹을 때 팬에 버터를 바르지 않는다. 버터는 유제품이기 때문이다. 그러면 마가린은 어떨까? 프랑스에서 처음 마가린이 개발된 1869년 이후, 유대인들은 이 문제를 두고 진지하게 토론을 벌였다. 책에도 그 내용이 쓰여 있을 정도다. '고기 요리와 마가린을 같이 먹는 것'은 무엇을 비유하는 걸까? 그 이유를 생각해 보자.

 온갖 생각을 다해 활로를 찾자

유대인들에게 발상의 전환을 키워준 토양 중의 하나가 수천 년에 달하는 그들의 박해 역사다. 국토를 가지지 못했던 유대인들은 여러 나라로 뿔뿔이 흩어져 사람들의 편견 속에서 살아야 했다. 직업을 규제당할 정도로 극심한 차별을 받았고 저지르지도 않은 죗값을 치르는 박해에 시달렸다. 20세기에는 히틀러의 나치 독일에 의해 600만 명의 유대인들이 학살되었다. 이 사건이 이미 전 세계에 잘 알려진 '유대인 대학살'이다.

세상 모든 일에는 신의 뜻이 개입되어 있다고 생각하는 유대인들은 우연과 기적 그리고 불행과 재난조차도 반드시 일어날 일이었다고 믿는다. 즉 신이 히틀러를 만든 것도 다 이유가 있어서라고 그들은 생각한다.

사람의 힘으로 피하려고 아무리 발버둥 쳐도 불행과 재난은 일어난다. 유대인들은 아무리 힘들고 가혹한 운명을 만나도, 절체절명의 궁지에 빠져도, 그러한 고난을 피하려 애쓰지 않고 '어떻게 하면 살아남을 수 있을지' 필사적으로 생각했다. 유대인들은 어떠한 시대에도 포기하지 않고 활로를 찾으려 노력했다.

만약 노아의 방주와 같은 대홍수가 지금 지구를 덮치려 한다면 어떻게 될까. 이것을 주제로 한 농담이 있다. 우리나라 사람들은 '다음 생에 만나자.'며 기도를 드리고, 독일 사람들은 '어떻게 하면 전 국민의 무덤을 효과적으로 팔 수 있을지' 걱정하고, 이탈리아 사람들은 '무덤의 디자인을 어떻게 할까.' 생각한다. 그리고 유대인들은 '어떻게 살아남을 것인가.' 대책을 강구한다.

유대인들은 극한의 상태에 빠져도 절대 포기하지 않는다. 포기하는 대신 살아남을 길을 모색한다. 그 불굴의 정신이 기사회생으로 이어지는 발상의 전환을 낳았다.

어려움과 곤란이 사고를 유연하게 한다

현대를 살아가는 수많은 사람들은 평온함이 당연한 일상이 되었는지도 모른다. 평온한 환경에 익숙해진 우리가, 사고력이 퇴화되고 유연한 발상을 얻지 못한다. 궁지에 내몰린 상황에서도 활로를 찾으려고 필사적으로 생각한 경험이 없다면 발상의 전환도 생각해 낼 수 없다.

현재 이스라엘에 거주하는 유대인들도 지금은 똑같이 생활의 풍

족함을 느끼지만 그들에게는 활로를 찾으려고 필사적으로 생각한 경험이 있다.

〈구약성서〉와 〈탈무드〉에는 고대 유대인들이 불행과 재난을 이겨낸 삶의 지혜가 담겨 있다. 현대 유대인들은 〈구약성서〉와 〈탈무드〉를 가지고 매일 토론을 벌이면서 선조가 겪은 비극과 고난을 체험하고, 그런 고난에서 벗어나는 사고력을 단련시킨다.

또 하나, 유대인의 사고력에 크게 영향을 주는 것이 유대교의 율법이다. 유대인에게는 식사 규정과 더불어 일상에서 지켜야 하는 규율이 많이 존재한다. 먹으면 안 되는 음식이 보통 사람들보다 몇 배나 많고, 하지 말아야 하는 행동과 해야만 하는 행동도 보통 사람들보다 몇 배나 많다. 율법은 일상에서의 자유와 쾌락을 빼앗는다. 물론 유대인에게도 율법을 지키지 않아도 되는 자유가 있고, 율법을 어겨도 누구 하나 벌 받지 않는다. 그런데도 그들은 자신들의 의지로 율법을 따른다.

그리고 그들은 율법의 제약을 지키면서 사업을 어떻게 성공시키고 이익을 확대해 갈지, 그렇게 해서 얻은 이익을 어떻게 사회에 환원할지를 생각한다. 이것이 사고를 유연하게 만드는 사고훈련임에 틀림없다.

 제약에서 태어난 비즈니스 모델

율법이 있었기에 가능했던 비즈니스 모델도 많이 있다. 예로 들어 안식일이 그렇다. 유대인의 율법 중에는 안식일에 절대로 일을 해서는 안 된다는 규정이 있다. 그러나 요즘같이 쉬지 않고 일을 해야만 살아남을 수 있는 경쟁사회에서는 어떻게 해야 할까. 이런 생각이 근로자 파견이라는 비즈니스 모델을 만들었다. 유대인이 경영하는 호텔은 언제라도 손님을 맞이할 수 있도록 안식일에는 다른 종교 교인을 고용한다.

안식일에는 금리를 어떻게 해야 할까라는 토론에서 생겨난 것이 당일 이자 개념이다. 이자가 연 단위나 월 단위로 붙으면 안식일에도 금리를 받게 되어 결국 율법에 어긋나게 된다.(유대교에서는 기본적으로 이자 징수를 금지하고 있지만, 다른 종교 교인에게 받는 이자는 예외로 인정한다.) 그러나 이자를 당일 계산하면 안식일에는 이자를 받지 않을 수 있어 율법에 어긋나지 않게 된다.

우리나라에서 일반적으로 사용하는 당일 계산 이자는 고대 유대인이 만든 것으로, 서양을 통해 들어온 것이다. 이러한 예만 봐도 종교 율법에 따른 많은 제약이 사고의 유연성을 높인다는 사실을 알 수 있다. 이런 의미에서 우리도 스스로 많은 규제를 만들어 사고의 유연성을 높여보면 어떨까.

규제와 율법으로 가득 찬 일상생활과 하루 세 번의 기도 그리고 이틀(금요일 저녁부터 토요일 하루 종일) 동안 절대 일을 하면 안 되는 안식일까지. 이러한 상황 속에서 유대인들은 도대체 무슨 일을 할 수 있을까?

그들은 효율성이 뛰어난 컴퓨터업계, IT업계, 클라우드업계와 꼭 사람이 처리해야 하는 콜센터, 테크니컬 서포트(제품에 관한 기술적인 문제를 해결하기 위해 제조자나 판매자가 제품을 구입한 사람에게 주로 전화나 메일, 홈페이지 등을 통해 제공하는 서비스—옮긴이), 백오피스 등은 모두 다른 종교 교인에게 맡긴다. 다른 종교 교인들이 많은 필리핀(가톨릭교)과 인도(힌두교)에 사무실 업무를 통째로 위탁한 이유도 그 때문이다.

이렇게 해서 유대인들은 두뇌를 가장 많이 사용하는 스타트업, 기획 입안, 경영 전략에 특화할 수 있었다. 유대인의 식사 율법인 코셔도 그 엄격함 때문에 사람들은 '코셔=유기농(Organic)+안전(Safe)'이라고 인식하기 시작했고, 그로 인해 많은 식품회사에서는 나의 랍비에게 인증 외뢰를 부탁하고 있다. 랍비의 주된 수입 원천은 이제 코셔 인증비가 되었다.

Why 그럼 어떻게!

유대인의 율법 중에는 안식일에 절대로 일을 해서는 안 된다는 규정이 있다. 그러나 요즘같이 쉬지 않고 일을 해야만 살아남을 수 있는 경쟁사회에서는 어떻게 해야 할까. 이런 생각이 근로자 파견이라는 비즈니스 모델을 만들었다. 이러한 예만 봐도 종교 율법에 따른 많은 제약이 사고의 유연성을 높인다는 사실을 알 수 있다.

안식일을 지킬까?
직장을 다닐까?

어느 유대인 청년이 대학을 졸업했다. 취업활동을 시작한 지 4개월이 지나자 입사지원을 한 1천여 개의 회사 중에 한 회사에서 연락이 왔다. 제약회사의 연구직 자리였다. 청년의 학비자금으로 4년 동안 1억 2천만 원을 지불한 부모는 채용통지서를 보고 매우 기뻐했다. 그러나 근무조건에 토요일도 출근해야 한다고 쓰여 있었다. 토요일은 유대인의 안식일로 일을 하면 안 되는 날이었다.

Problem

우리가 이 청년이라면 취직을 선택할 것인가 아니면 포기할 것인가?

💡 **어떻게 하면 두 마리 토끼를 잡을 수 있을까**

유대인에게 있어서 안식일이란 절대적인 존재다. 안식일에 일을 한다는 것은 유대인이기를 포기하겠다는 뜻과 같다. 한편 취업난 속에서 1천여 개의 기업에 지원한 후 겨우 얻어낸 기회. 이 회사를 포기하면 언제 다시 취직될지도 모르고, 1억 2천만 원이나 되는 학비를 지원해준 부모님에게도 불효가 된다.

회사에 사정을 말하고 양해를 구해야 한다고 생각하는 독자도 있을 것이다. 교섭을 시도하는 방법도 좋은 생각이지만, 만약 협의가 이루어지지 않는다면 어떻게 해야 할까. 유대인이기를 포기해야 할까 아니면 취직을 포기해야 할까. 상반되는 제약조건 사이에 끼인 사면초가인 상황이다. 이 이야기는 유대인 학생이 랍비에게 상담해 온 실제 내용이다. 또한 유대인 소셜 네트워크에 퍼져 화제가 된 이야기이기도 하다.

"저는 어떻게 하면 좋을까요?"

하고 묻는 학생에게 랍비는 이렇게 해라 저렇게 해라 해답을 내어주지 않는다. 학생은 랍비와의 토론을 하면서 극한상황에서 벗어나기 위한 방법을 필사적으로 생각한다. 이 유대인 학생은 이런 대답을 내놓았다.

'일단 회사에 들어가 일을 하면서 안식일에 쉬는 회사를 하루빨리 찾아 이직한다.'

유대인과 취직이라는 두 마리 토끼를 모두 다 잡는 방법이다. 일시적으로는 유대교의 율법을 위반하는 행동일지도 모르지만, 시간이 지나 경제상황이 좋아지면 다른 일을 찾을 수도 있다. 학생은 그렇게 활로를 찾았다.

사고의 시간 축을 바꾸어라

근시안적인 사고로 보면 대립되거나 불리하게 보이는 일도 이차원에서 바라보면 다르게 보인다. 그중의 하나가 긴 안목으로 보는 방법이다.

사실 장기적인 시점이란 누구나 쉽게 의식하고 실천할 수 있는 그런 간단한 방법이 아니다.

지금은 이렇지만 1년 후, 2년 후, 10년 후, 20년 후, 50년 후, 100년 후에는 어떻게 될까 하고 생각해 보자. 이렇게 장기적인 시점에서 지금을 뒤돌아보면 현재를 받아들이는 방법이 바뀔 것이다.

지금 업무적으로 안고 있는 문제도 한 달 후면 해결될지 모르고, 사이가 나쁜 상사도 몇 년 후면 인사이동할지 모른다. 아니면 내가 근무하는 회사가 인수합병으로 몇 년 후에는 없어질지도 모른다. 그때 나는 어떻게 해야 좋을지 생각해 보자.

시대가 바뀌면 상식도 사회의 풍조도 바뀐다. 지금 우리에게 닥친 이 현실도 언젠가는 바뀐다. 이 사실만 알아도 현재를 받아들이는 방법이 바뀌고, 지금 무엇을 어떻게 해야 좋을지 유연하게 생각할 수 있다.

이 점에서 영국의 생활방식은 참고가 된다. 영국은 아랍제국과 함께 이스라엘과도 평화를 유지하고 있다. 찰스 황태자는 이슬람교의 예배당인 모스크를 방문한 적이 있고, 시나고그에도 얼굴을 비친 적이 있다. 이처럼 영국은 양국의 많은 행사에 참여하고 있다.

그러나 한국은 산유국만을 중시하며 이스라엘과 우호적인 관계를 멀리하고 있다. 아랍제국과 이스라엘의 사이가 나빠지기 시작한 것은 이스라엘 국가가 창립된 1948년 이후다. 즉 두 민족이 등을 돌린 시기는 60년 정도밖에 되지 않았다. 분쟁이 일어나기 전, 약 1,800년 동안 유대인은 이슬람 세계 속에 살고 있었다. 특히 스페인의 이사벨라 여왕이 기독교 개종을 거부한 유대인들을 전부 국외로 추방했던 1492년 3월 31일 이후부터는 이슬람(오스만 제국)이 유대인을 따뜻하게 환영하고 보호해 주며 유대인으로서 살아가는 삶을 인정해 주었다.

이런 역사적 사실을 고려하면 아랍제국과 이스라엘도 영국과 같은 현명한 대응을 할 수 있을 것이다. 오랜 역사적 사실에서 추측하건대 아랍제국과 이스라엘이 장래에 화해할 가망성은 충분히 있다. 20년, 30년이라는 단기적인 시각만으로는 시대의 갑작스런 변화에 대응하지 못한다. 우리는 1천 년, 2천 년이라는 장기적인 시각인 '3차원 시간 축'을 키워야 한다.

현재에서 벗어나자

미국에서 유학 중인 여고생이 이런 고민을 털어놓은 적이 있다. 그 여학생은 학교 친구들과 잘 어울리지 못해 외로움을 느끼고 있었다. 항상 혼자 있어야 하는 지금의 인간관계가 너무 괴로워 하루빨리 친한 친구들이 있는 고국으로 돌아가고 싶다는 생각만 하고 있다고 했다.

지금 이 여학생은 성냥갑 속에 갇힌 인형과 같다. 좁고 긴 성냥갑 속에 갇힌 사람은 사방이 벽으로 둘러싸인 좁은 세상밖에 보지 못한다. 이 여학생도 고등학교라는 좁은 성냥갑 속에 갇혀서 자신을 둘러싼 벽만 보고는 현재의 상황에서 벗어나지 못해 초조해하며 발버둥 치고 있는 상태다.

이럴 때 차원을 바꾸면 다른 풍경이 보인다. 좁은 시야가 아닌 긴 안목으로 생각해 보자. 긴 안목으로 보면 고등학교는 언젠가 끝난다. 지금 우리가 처한 좁은 세상이 영원히 지속되지 않는다는 사실만 깨달아도 그 후에 펼쳐질 무한한 세상을 상상할 수 있다.

아직은 좁은 성냥갑 속에 있는 상태지만 그 후에 펼쳐질 넓은 세상을 상상하면 괴로움과 초조함이 사라질 것이다. 사람은 무의식중에 여러 가지 일에 둘러싸이고 사로잡히며 속박 당한다. 이것들은 모두 좁은 시야가 자신에게 주는 정신적인 속박 즉 아집일 뿐이다. 장기적인 관점으로 사물을 바라보면, 속박과 아집에서 벗어나 무한하게 펼쳐질 가능성을 찾을 수 있다.

세상은 급격하게 변화하는 것처럼 보여도 사실은 회전목마와 같다. 즉 같은 일이 반복적으로 일어난다는 뜻이다. 유대인에게는 이러한 가르침이 있다. 풍요로운 시대 뒤에는 가난한 시대가 오고, 호황 뒤에는 불황이 온다. 좋은 시절은 영원히 지속되지 않는다.

〈구약성서〉에도 좋은 일이 있으면 반드시 나쁜 일이 있다는 가르침이 등장한다. 유대인이 자연스럽게 장기적인 관점을 터득할 수 있었던 이유는 이러한 가르침 덕분일지도 모른다.

 장기적인 플랜을 키워본다

유대인들은 '7'이라는 숫자를 마무리라고 생각한다. 이러한 생각은 신이 6일에 걸쳐 천지를 창조했고 7일째 되는 날에는 휴식을 취했다는 〈구약성서〉의 유래에 있다.

인류 역사상 최초로 주 6일제 근무를 실천한 사람이 바로 유대인이다. 농지도 6년간 계속해서 작물을 재배하면 땅이 마른다. 그렇기 때문에 6년간 작물을 수확하고 7년째가 되는 해에는 농사를 쉬면서 땅을 기름지게 만든다. 경제변동도 7년 주기라고 생각하면 된다. 풍년과 흉년도 7년 주기로 일어나고, 호황과 불황도 7년 주기로 반복된다는 예측도 있다.

이 이야기는 상황이 좋지 않을 때에도 걱정하지 말라는 뜻이 아니다. 유대인들은 힘든 시기를 견뎌내기만 하면 봄이 찾아온다고 생각하지 않는다. 그들은 불황과 고난에서 빠져나오기 위해 대책을 강구한다. 7년 주기로 세상을 파악할 수 있다는 유대교의 가르침은, 다가올 불황과 고난을 사전에 예방하고 만반의 준비로 그 시기를 뛰어넘자는 지혜이다.

지금 이 시기만을 보고 호황에 안주해 준비를 게을리 하거나, 불황을 한탄만 하고 있으면 안 된다. 유대인들은 이 이야기를 통해서 활로를 찾으려고 노력한 사람에게만 봄이 온다는 사실을 가르쳐 주고 있다. 유대인이 그 많은 시련을 뛰어 넘을 수 있었던 이유는 긴 안목으로 사물을 파악하고 세상의 움직임에 적절히 대응을 했기 때문이다.

그에 비해 우리나라는 어떨까.

경제 활성화라는 명목으로 공공사업의 대책에 빠져 빚만 늘리고 있지는 않은가.

이제 우리도 유대인의 장기적 시점을 배워야 한다.

Why 그럼 어떻게!

차원을 바꾸면 다른 풍경이 보인다. 지금 우리가 처한 좁은 세상이 영원히 지속되지 않는다는 사실만 깨달아도 그 후에 펼쳐질 무한한 세상을 상상할 수 있다. 세상은 급격하게 변화하는 것처럼 보여도 사실은 회전목마와 같다. 즉 같은 일이 반복적으로 일어난다는 뜻이다. 유대인에게는 이러한 가르침이 있다.

24 Exercise

굴뚝을 들어온 두 명의 도둑 중 누가 세수를 했을까?

한 농부가 랍비를 찾아가 "저에게도 〈탈무드〉를 가르쳐 주세요." 하고 말했다. 그러자 랍비는 "당신은 〈탈무드〉를 이해하지 못할 겁니다." 하고 거절했다. "아무리 쉬운 이야기라도 상관 없습니다. 제발 가르쳐주세요." 하고 농부가 간절히 말하자 랍비는 알겠노라며 다음과 같은 질문을 했다.

어느 날 굴뚝을 통해 거실로 도둑 두 명이 들어왔다. 도둑 중 한 명은 얼굴이 그을음으로 새까맣게 변했고, 다른 한 명은 얼굴에 그을음이 끼지 않아 새하얗다.

둘 중 어떤 도둑이 세수를 했을까?

판단, 사실, 진리를 구별하자

이 이야기는 유대인 부모가 초등학생 자녀에게 들려주는 설화인 동시에 자녀의 사고력을 높여주는 질문이다. 도둑 중 한 명은 얼굴이 그을음으로 더러워졌고, 나머지 한 명은 얼굴이 깨끗했다. 이 상황에서 누가 세수를 할지 묻고 있다.

설화에 나온 농부는 이렇게 대답했다.

"당연히 얼굴이 더러운 도둑이 세수를 했겠지요."

분명 이 농부처럼 생각하는 독자가 많을 것이다. 그러나 랍비는 정답이 아니라고 말했다.

농부가 이유를 묻자 "사물에는 차원의 다름이 있기 때문입니다." 하고 랍비는 말했다.

다음 날 농부는 또다시 랍비를 찾아갔다.

"교사님, 알겠어요. 얼굴이 깨끗한 도둑이 세수를 한 거예요."

농부는 계속해서 이렇게 말했다. 두 도둑 모두 자신들의 얼굴은 보지 못했지만 상대방의 얼굴은 볼 수 있었다. 얼굴이 깨끗한 도둑은 더러운 도둑을 보고 '내 얼굴에도 그을음이 묻었을지 몰라.'라며 세수를 한 게 틀림없다. 즉 도둑들은 각각 상대방의 얼굴을 보고 자신의 얼굴을 상상한 것이다.

농부의 대답을 들은 랍비는 "이래서 당신은 〈탈무드〉를 배울 자격이 없다고 한 겁니다."라며 그 대답도 정답이 아니라고 말했다.

"애초에 똑같은 굴뚝으로 들어왔는데 한 사람은 얼굴이 더럽고 다른 한 사람은 얼굴이 깨끗할 리가 없지 않습니까."

하고 더욱 더 다른 관점의 차원이 있다는 사실을 알려주었다. 유대인에게 묻자 이 설화에는 조금 더 깊은 목표가 숨어 있다고 한다.

이 이야기는 아이들에게 '판단', '사실', '진리'의 차이를 가르쳐주기 위한 설화다. 그리고 사물은 보는 차원에 따라 달라진다는 가르침을 알려주기도 한다.

얼굴이 더러운 도둑이 A, 얼굴이 깨끗한 도둑이 B라고 해보자. A 도둑은 얼굴이 깨끗한 B 도둑을 보고, 자신의 얼굴이 더러울 거라고는 조금도 생각하지 않는다. 반면, B 도둑은 A 도둑의 더러워진 얼굴을 보고 '내 얼굴도 저렇게 더럽겠지?' 하고 생각한다.

즉 도둑 A는 '두 사람 모두 얼굴이 깨끗하다.'고 판단하고, 도둑 B는 '두 사람 모두 얼굴이 더럽다'고 판단한다. 상대방과의 관계성으로 사물을 판단하는 행동을 '2차원 관점'이라고 부른다. 2차원 관점으로는 사물을 어느 각도로 바라보는지에 따라서 사실을 받아들이는 판단이 달라진다. 그리고 그 판단은 사실과 항상 다르다고 말할 수 있다.

그러면 어떤 차원으로 보아야 '도둑 A의 얼굴은 더럽고, 도둑 B의 얼굴은 깨끗하다.'는 사실을 정확하게 판단할 수 있을까. 그것은 도둑 A와 도둑 B의 관점에서 벗어날 때이다. 무대 위에 있는 도둑 A와 도둑 B를 관객석에서 바라보는 시각이다. 관객석에서 무대를 바라보는 시각을 '관객의 관점'이라고 부른다. 관객의 관점으로 바라보아야 비로소 도둑 A와 도둑 B 중 누구의 얼굴이 더럽고 누구의 얼굴이 깨끗한지 사실을 정확하게 파악할 수 있다.

여기까지가 판단과 사실의 문제다. 다음은 사실과 진리의 문제로 들어가 보자.

사실을 규명한 뒤 진리를 파악하기 위해서는 더욱 더 다른 차원으로 바라보는 시각이 필요하다. 이 점이 랍비가 마지막에 지적한 말이다. 두 도둑은 같은 굴뚝을 통해서 거실로 들어왔다. 같은 굴뚝으로 들어온 두 사람 중에 한 사람의 얼굴에만 그을음이 묻었다는 건 자연스럽지 못한 견해다. 무대 사실(무대에서 전개되는 것)의 부자연스러움(진리)을 깨닫기 위해서는, 관객을 관찰하는 다른 관객 즉 관객의 관객이 필요하다. 관객의 시각보다 더욱더 다른 차원에서 보는 것을 '신의 관점'이라고 부른다.

여기서 신이란 유대인의 신이 아니라, 인간이 지상에서 사물을 바라보는 차원과는 다른 차원이라는 의미로 사용된다. 신의 관점을 가지면 판단과 사실을 떠나 진리의 존재 가능성을 파악할 수 있다. 유대인 부모는 자녀에게 이 설화를 들려주면서 자녀 스스로가 '설정 자체가 이상한 이야기'라고 의문을 품고 진리를 깨닫기를 기대한다.

💡 관객의 시각을 초월해 신의 관점을 가지자

우리는 대부분을 2차원으로 생각한다. 그렇기 때문에 시야가 좁아지고 사실을 자신의 상황에 유리하게 판단하며 늘 똑같은 사고 유형에 빠져서 과감한 발상을 할 수 없게 된다.

두뇌를 좀 더 유연하게 만들기 위해서는 관객의 관점과 신의 관점을 의식하는 사고력이 중요하다. '두 명의 도둑' 이야기로 돌아가서 말하자면, 도둑이 서로의 얼굴을 보는 2차원 관점에서 시작해 도둑을 멀리서 바라보는 관객의 관점 그리고 관객의 관점을 초월해 도둑과 관객을 다른 차원에서 바라보는 신의 관점 즉 관객의 관객을 의식해 보아야 한다.

〈Class 7〉의 앞부분에서 소개한 나무에서 떨어진 사과의 이야기를 신의 관점으로 보면 어떻게 될까. '사과는 왜 떨어진 걸까?' 하고 생각한 영국 사람과 사과가 떨어진 모습을 보고 인생무상을 느낀 사람은 둘 다 자신의 눈으로 지상에 놓인 사과나무를 바라보고 있는 상태다. 그에 비해 '사과가 하늘로 올라갈 가능성은 없을까?' 하고 생각한 유대인은 떨어진다는 것을 상하 축이 아닌 횡으로 바라보는 다른 시공 즉 하늘과 땅을 전부 손바닥 위에 올려놓고 다른 차원으로 바라보고 있는 모습이다.

이것이 신의 관점이다.

태양이 동쪽에서 떠서 서쪽으로 지는 모습을 보고 고대 사람들은 '태양이 지구의 주변을 돈다.'고 판단했다. 이러한 판단은 지상에 있는 자신의 시각으로 태양을 바라본 2차원 관점이다. 그러나 태양의 시각에서 지구를 바라보면 '지구가 태양 주변을 돈다.'고 판단될 것이다. 하지만 어느 쪽이 사실인지 규명하기 위해서는 태양과 지구를 다른 차원(관객석)에서 보아야 한다. 관객석(태양계 바깥 차원)에서 보아야 비로소 지구가 태양 주변을 돌고 있다는 사실을 판단할 수 있다.

이러한 관점에서 한걸음 더 나아가 태양과 지구를 포함해 은하계 전체를 손바닥 위에 올려놓으면 어떻게 보일지 생각하는 것이 신의 관점 즉 유대인적 발상이다. 신의 관점으로 보면 지구가 태양 주변을 공전하고 있을 뿐만 아니라, 태양도 은하계를 돌고 있지 않을까 하는 발생이 생긴다. 이러한 발상은 진리에 보다 더 가까워지는 생각이다.

신의 관점이 중요한 이유는 판단과 사실에서 한 걸음 더 나아가 보편적인 진리에 가까워지는 방법으로, 2차원 시각이 초래한 잘못된 판단에서 사고를 해방시킬 수 있기 때문이다. 즉 현재 우리가 있는 공기의 상식과 개념에 얽매이지 않고, 자유롭고 유연하게 생각할 수 있는 시각이 신의 관점이다.

유연한 사고가 역발상을 만든다

유연한 사고는 발상의 전환을 낳는다. 앞에서 소개한 휴대용 프린터의 개발도 '프린터란 이런 것이다.' 라는 개념에서 얼마나 벗어나느냐가 관건이었다. 분명 이 개발자는 프린터란 크기에 상관없이 인쇄만 잘하면 된다, 만약 프린터가 손바닥만 해서 가지고 다닐 수 있다면 얼마나 편리할까 하고 생각했을 것이다. 나머지는 작은 로봇으로 커다란 종이를 인쇄하는 방법을 궁리만 하면 된다.

신의 관점에는 언뜻 보면 사면초가나 절체절명의 궁지처럼 보이는 현상도 가볍게 뛰어넘을 수 있는 자유로운 발상이 있다. 다음 장에 소개하는 내용은 발상을 전환시켜 구사일생으로 목숨을 건진 유대인의 이야기다.

Why 그럼 어떻게!

신의 관점이 중요한 이유는 판단과 사실에서 한 걸음 더 나아가 보편적인 진리에 가까워지는 방법으로, 2차원 시각이 초래한 잘못된 판단에서 사고를 해방시킬 수 있기 때문이다. 즉 현재 우리가 있는 공기의 상식과 개념에 얽매이지 않고, 자유롭고 유연하게 생각할 수 있는 시각이 신의 관점이다.

병사는 어떻게 여권을 구했나?

　북아프리카의 에티오피아 지역에도 유대인들이 살고 있었다. 1980년대 말, 에티오피아 군사정권은 국내에 거주하는 유대인들을 전부 체포해 교도소에 감금시켰다. 사형만 내리지 않았을 뿐, 음식을 주지 않아 많은 유대인들이 아사 직전에 놓여 있었다.

　체포된 유대인들 중에는 랍비도 한 명 포함되어 있었다. 그는 소홀한 감시를 틈타 교도소에서 도망쳤고, 첫날은 해가 질 때까지 농가의 작은 집에 숨어 있다가 늦은 밤이 되어서 국경으로 향했다. 해가 뜨면 숨고 늦은 밤이 되면 달빛을 피해 걸어가기를 며칠이나 반복했다. 겨우 교도소에서 멀어진 랍비는 시간과 거리를 절약하기 위해 국경까지 버스를 타고 가기로 결심했다.

　랍비가 탄 버스는 국경으로 가던 중 검문소에서 멈춰 섰다. 그리고 그때 병사 두 명이 버스에 올랐다. 병사들은 기관총을 앞으로 내밀면서 큰 소리로 이렇게 외쳤다.

　"모두 여권이나 신분증명서를 꺼내 무릎 위에 올려놔! 손은 머리 위로 올리고. 여권이나 신분증명서가 없는 사람은 수상한 자로 여기고 그 자리에서 사살하겠다."

랍비는 교도소에서 아무것도 가지고 있지 않은 채 몸만 탈출했기 때문에 여권은 물론이고 신분증명서도 없었다. 이 상황을 병사에게 들키면 랍비의 운명도 여기서 끝난다. 그나마 다행스럽게도 랍비는 버스 맨 뒷자리에 앉아 있어서 병사가 오기까지 아직 이삼 분 정도의 여유가 남아 있었다. 랍비는 필사적으로 생각했다. 그리고 기사회생하는 방법을 생각해냈다.

Problem

당신이라면 어떻게 해서 이 궁지를 빠져나갔을까?

기사회생할 수 있었던 판단력

이 이야기는 교도소에서 탈출한 랍비가 나에게 직접 들려준 실화다. 유대인은 이러한 절체절명의 순간에서도 결코 포기를 하지 않는다. 두뇌를 회전시켜 어떻게든 살아남을 방법을 찾아낸다. 랍비는 자리에서 일어나 주변에 있는 승객들의 여권을 모으기 시작했다. 그리고 15개 정도의 여권을 모아 버스 통로에 서 있던 병사에게 내밀었다.

"내 여권과 뒷자리 승객들의 여권을 전부 모아 가지고 왔습니다. 그럼 수고하세요."

랍비의 거짓말에 속아 넘어간 병사는 랍비가 자신들의 협력자라고 생각했다. 그리고 15명의 여권을 슬쩍 본 후 랍비에게 돌려주었다. 병사는 버스기사에게 '출발!'이라고 말한 후 버스에서 내렸다. 랍비는 너무 무서운 나머지 심장이 격하게 요동쳤다고 한다. 랍비는 이렇게 해서 무사히 국경을 통과할 수 있었고, 지중해에서 배를 타고 이스라엘로 도망쳤다. 한 달 정도 걸린 피난길이었다고 한다.

긴장의 순간이었던 단 몇 분 동안 랍비는 어떻게 해서 발상을 전환시킬 수 있었을까. 랍비는 자신의 존재를 들키지 않기 위해 여권을 보여주지 않는 방법을 필사적으로 생각했을 것이 분명하다. 생각 끝에 사람들의 여권을 모아 협력자인 척 내밀면 병사의 눈을 피할 수 있다는 방법이 떠올랐고, 랍비는 승객들의 여권을 모아 병사에게 내미는 역할을 자청했다.

병사도 설마 랍비가 여권을 가지고 있지 않을 거라고는 생각지도 못했을 것이다. 병사가 랍비의 행동을 쉽사리 믿고 여권과 여권 주인의 얼굴을 일일이 대조하지 않은 것이 천만다행이다.

불심자일까 아니면 협력자일까.

사실이 어떠하든 간에, 상대방에게 사실과 다른 판단을 얼마든지 심어줄 수 있다. 사물을 보는 각도와 차원이 바뀌면 판단도 바뀐다는 사실을 교묘하게 이용한 대범한 발상이었다. 이 기발함은 평소 다른 차원으로 사물을 보는 습관, 즉 2차원 관점에서부터 신의 관점까지 자유자재로 구사할 수 있는 사고력 덕분에 가능했던 일이다.

신의 관점이 랍비를 궁지에서 구해줬다.

적은 정말 적일까

 언뜻 보면 적인 관계도 신의 관점으로 보면 내 편인 경우가 많이 있다. 알기 쉽게 설명하자면, 아직은 세상에 잘 알려지지 않은 상품을 판매할 경우, 경쟁기업들이 서로를 견제하기보다는 업계 전체가 협력관계를 구축해 시장 전체에 상품을 알려야 모든 기업에게 이익이 생긴다.
 이른바 '윈윈관계'라는 뜻이다.
 적대 관계를 협력 관계로 바꾸는 발상의 전환은, 대립구조가 낳는 경직된 사고에서 벗어나 비장의 카드를 얻는 힘이 된다. 이스라엘 공과대학의 어느 유대인 연구자가 개발한 새로운 항암제가 그 예다.

 사고를 향상시기는 것은

 기존의 항암제는 경구복용 또는 정맥주사를 사용하는 방식으로, 인체에 약을 투여해 암세포만을 효과적으로 공격하는 분자표적 약이 대부분이었다. 그러나 이러한 약은 암세포뿐만 아니라 암세포와 비슷하게 생긴 정상세포까지 공격했기 때문에 부작용 문제를 피할 수 없었다. 부작용을 줄이기 위해 어떻게 하면 암세포만을 공격하는 항암제를 만들 수 있을지가 현재까지의 항암제 개발에 주된 목표였다.
 그러나 유대인 연구자는 반대로 생각했다. 암세포를 적으로 보지 않고 협력자로 만들어 암세포가 스스로 항암효과를 내는 방법이다. 암세포는 체내에서 주변 영양소를 강력하게 흡수해 스스로 세포 수를 증식시킨다. 유대인 연구자는 암세포의 이러한 특성을 역이용해 암세포 속에 항암제를 만드는 방법을 생각했다. 나노테크놀로지 물질을 암세포에 심으면 암세포는 항암제 제조공장으로 변신한다. 이렇게 되면 암세포는 자신이 만든 항암제로 허무하게 죽고 말 것이다.

지금 이 새로운 유형의 치료방법에 전 세계가 주목하고 투자가를 모으고 있지만, 거의 알려지지 않았다. 이 치료방법의 개발도 다른 차원으로 바라보는 발상의 전환이 핵심이었다.

앞에서도 이야기했지만 이전에는 공격성만을 높이는 방법이 항암제 개발의 주된 목적이었다. 그러나 공격성을 높이는 방법에도 한계가 있고, 공격성만을 고집하면 부작용 문제를 해결할 수 없다. 활로를 찾기 위해서는 다른 차원으로 보는 관점이 중요하다. 항암제는 암세포와 적대관계를 맺어야 한다는 편견에서 벗어나 좀 더 넓은 시야로 생각해야 혁신적인 항암제를 개발할 수 있다.

유대인 연구자의 경우는 암세포가 몸속에 있는 영양소를 끌어 모아 스스로를 증식시킨다는 점에 주목했다. 암세포를 협력자로 만들려는 생각이 바로 발상의 전환이다. 쉽게 말해 암 속에 자폭자(suicide bomb)를 만들자는 발상이었다. 적대 관계를 협력 관계로 바꿔서 목적을 달성하는 방법은 없을까.

이러한 발상도 활로를 찾는 데 효과적이다. 개선만으로는 절대 해결되지 않았던 영역에서 비약할 수 있었던 이유는 신의 관점에서 바라보는 혁신이 있었기 때문이다.

Why 그럼 어떻게!

언뜻 보면 적인 관계도 신의 관점으로 보면 내 편인 경우가 많이 있다. 알기 쉽게 설명하자면, 아직은 세상에 잘 알려지지 않은 상품을 판매할 경우, 경쟁기업들이 서로를 견제하기보다는 업계 전체가 협력관계를 구축해 시장 전체에 상품을 알려야 모든 기업에게 이익이 생기는, 이른바 '윈윈 관계'가 성립된다.

궁지에 몰린 유대인의 묘책

유럽 각지에서 차별받던 유대인들은 그곳의 영주에게 횡포를 당하거나 누명을 덮어쓰고 형벌을 받을 때가 많이 있었다. 어느 유대인이 무고죄로 체포되었고, 재판관이자 영주인 사내가 유대인에게 이렇게 말했다.

"유대인들은 너희 신이 대단하다고 말한다. 여기 종이가 들은 봉투 두 개가 있다. 그 종이에 하나는 '무죄' 하나는 '사형'이라고 쓰여 있다. 너희의 그 대단한 신이 너에게 기적을 일으켜 주리라 믿는다. 봉투를 골라봐라. 나는 그 봉투에 쓰여 있는 대로 따르겠다."

궁지에 몰린 유대인은 필사적으로 생각했다.

Problem
당신이 이 유대인이라면 어떻게 이 상황을 벗어날 것인가?

가망이 없는 승부라면 규칙을 바꾸어라
만약 두 봉투 모두 '사형'이라고 쓰여 있다면, 어느 봉투를 골라도 사형을 면할 수 없다.

그러면 어떻게 해야 할까. 이 유대인은 봉투 하나를 집어 들고 구긴 다음 자신의 입 속에 넣고 삼켜버렸다. 그리고 영주를 향해 이렇게 말했다.

"영주님, 제가 고른 봉투 안에 쓰여 있던 글씨는 여기 남은 봉투에 쓰인 글씨와 반대일 것입니다. 남아 있는 봉투 안에 '사형'이라고 쓰여 있다면 저는 무죄가 됩니다. 영주님, 남아 있는 봉투를 열어 그 안에 뭐라고 쓰여 있는지 저에게 알려주십시오."

유대인의 생각대로 두 봉투 모두에 '사형'이라고 쓰여 있었다. 이렇게 해서 유대인은 살아남을 수 있었다. 이 유대인은 어떤 봉투를 선택해도 사형을 면치 못했을 것이다.

그러나 '신외 긴겹'이 질체설명의 위기에 빠진 이 유대인을 구했다. 유대인에게 놓인 상황을 그대로 보면, 무고한 유대인을 유죄로 만들려는 영주와 그 영주에게 맞서는 유대인이라는 구도가 그려진다. 그러나 이 상황을 다른 차원에서 보면 행동에 따라서 두 사람의 처지를 역전시킬 가능성이 있다.

어떤 봉투를 선택해도 '사형'이라면 어떤 봉투가 남아 있어도 '사형'이다. 봉투를 선택해서 받는 판결이 아니라 남아 있는 봉투로 판결을 내린다면 이 유대인은 확실히 무죄가 된다. '상대방과 같은 씨름판에서 싸우지 않는다.'는 표현은 이러한 상황을 두고 하는 말이다.

상대방이 만든 법칙을 반드시 따라야 할 이유는 어디에도 없다. 자신에게 유리하도록 법칙을 바꾸면 된다. '신의 관점'으로 생각할 수 있다면 법칙을 바꾸는 일 또한 가능하다.

규칙, 전제를 없애고 생각해라

일에 익숙해지거나 계속해서 성공이 이어지면 그 상황의 법칙과 전제를 버리지 못한다. 굳어진 법칙과 전제만을 고수하면 시대에 뒤처진 상황을 제대로 파악하지 못해 격렬한 경쟁에 휘말려 기업도 사람도 몹시 지친다. 굳어진 법칙과 전제에서 벗어나기 위해서는 '다른 차원으로 생각하는 관점'이 필요하다.

다시 인텔의 이야기를 해 보자. 인텔은 메모리 사업에서 물러나 CPU 사업으로 전환했다. 당시에는 컴퓨터의 데이터 처리 속도를 높이는 칩이 필요했고, 인텔은 그러한 칩을 차례차례 발표해 업계에서 확고한 입지를 쌓아 올렸다. 인텔의 칩의 속도가 빨라지면 빨라질수록 인텔의 주가도 같이 올라갔다.

그러나 문제는 칩의 속도가 빨라질수록 소비전력도 올라가 발열량이 증가한다는 사실이었다. 인텔의 이스라엘 개발팀은 이 문제에 하루빨리 착수해 소비전력을 줄이는 칩을 개발하는 방향으로 전환하려 했다. 그러나 인텔의 간부가 이 방향 전환에 NO를 던졌다.

왜냐하면 간부가 원하는 것은 단 하나, 칩의 처리 속도와 함께 치솟는 주가였기 때문이다.

사내에서 격렬한 토론이 벌어진 끝에 소비전력을 낮춘 새로운 칩을 개발하자는 의견이 모아졌고, 소비전력을 낮춘 칩은 날개달린 듯 팔렸다. 인텔의 간부가 칩의 속도만을 중시하는 방침에서 벗어나지 못한 데에 반해 이스라엘 개발팀은 전력이 낮은 칩의 개발로 방향을 전환했다.

여기에도 다른 차원의 관점이 존재한다. 간부는 회사의 주가만 보고 있었다. 그것에 비해 이스라엘 개발팀은 소비자가 무엇을 원하는지, 다음 시대로 예측되는 모바일 시대에 요구되는 칩이란 무엇일지를 넓은 시야로 보고 있었다.

그 결과 칩의 속도로 인정받던 업계의 상식을 깨부수고 소비전력이 낮은 칩에 성능을 맞추는 새로운 상식을 세울 수 있었다. 만약 그대로 칩의 속도에만 집중했다면 소비전력이 큰 칩은 판매가 잘 되지 않았을 것이다. 그러면 인텔은 또다시 위기에 처했을 게 분명하다.

인텔의 예에서도 알 수 있듯이 근시안적인 시야로 자신의 주면만 보면 잘못된 방향으로 흘러가는 상황을 제대로 파악하지 못한다. 일이 순조롭게 진행될 때야말로 지금 이대로가 좋은지, 현재 상태를 유지하면서 시대의 요구에 대응하는 방법이 무엇인지, 다른 차원으로 자신의 현재 상태를 바라볼 필요가 있다.

Why 그럼 어떻게!

일에 익숙해지거나 계속해서 성공이 이어지면 그 상황의 법칙과 전제를 버리지 못한다. 굳어진 법칙과 전제만을 고수하면 시대에 뒤처진 상황을 제대로 파악하지 못해 격렬한 경쟁에 휘말려 기업도 사람도 몹시 지친다. 굳어진 법칙과 전제에서 벗어나기 위해서는 '다른 차원으로 생각하는 관점'이 필요하다.

CLASS 8
인간의 본질을 파악하는 기본

원하는 미래를

그려보고 실현하자

루브르 박물관의 '모나리자' 도난

  1911년 루브르 박물관에서 레오나르도 다빈치의 작품인 '모나리자'가 홀연히 자취를 감췄다. 과거에 루브르 박물관에서 일하던 남자가 휴관일 전날 박물관에 잠입했다가 이튿날 관내 수리로 어수선한 틈을 타 그림을 가지고 나갔기 때문이다. 그런데 수수께끼 같은 일이 일어났다.

  박물관의 간판 작품이기도 한 '모나리자'가 사라진 2년 동안, 모나리자가 전시되지 않았는데도 불구하고 박물관의 입장객 수가 전년에 비해 몇 배나 늘어났기 때문이다.

Problem

  당신은 루브르 박물관의 입장객이 늘어난 이유가 무엇이라고 생각하는가?

 무엇이 사람을 움직이는가

  20세기 최고의 미술품 절도사건이라고 불리는 모나리자 도난사건. 이미 이 사건을 알고 있는 사람도 많이 있을 것이다. 그러나 도난사건보다 더욱 수수께끼 같은 일은 모나리자가 사라진 미술관에 이전보다 몇 배나 많은 인파가 몰려들었다는 사실이다. 그리고 입장객 모두가 그림이 사라진 벽을 바라보고 있었다.

그림이 진짜 도난당했는지 확인하고 싶은 마음에서였을까 아니면 세기의 불가사의한 사건이 사람들의 마음을 사로잡은 것일까. 진상은 아무도 알지 못하지만, 루브르 박물관은 모나리자가 사라진 공허한 벽을 보려고 모인 사람들로 발 디딜 틈 없었다는 것만은 틀림없는 사실이다. 유대인과의 식사자리에서 이 사건에 대한 토론이 벌어졌고, 어느 유대인이 언짢은 듯 이렇게 말했다.

"이제 더 이상 루브르 박물관에서는 모나리자가 필요 없게 되었네요. 사실 전시보다 사람들을 끌어 모으는 게 중요하잖아요. 루브르 박물관은 모나리자가 사라진 덕분에 돈을 번 것이라고요."

이 사건은 모나리자의 가치에 대해 다시 한 번 생각해 보는 계기가 되었다. 모나리자 도난사건과 비슷한 일은 우리의 주변에서도 많이 일어난다. 케이크 가게를 예를 들어 이야기해보 자. 맛있기로 소문난 유명한 케이크 가게는 대부분 오전 중에 케이크가 다 팔려 오후에는 가게 문을 닫는 경우가 많이 있다. 애써 케이크를 사러 찾아갔는데 이미 다 팔려서 빈손으로 돌아와야 했던 경험은 누구에게나 있을 것이다. 조기 품절이 상품의 희소가치를 높였는지 '어떻게 해서든지 꼭 먹고 싶다.'고 갈망하는 사람들이 아침부터 줄을 서기 시작한다.

케이크로서의 맛은 물론이고, 다른 곳에서는 팔지 않고 먹고 싶어도 아무 때나 먹을 수 없다는 점이 사람들을 케이크에 열광하게 만드는 비결인지도 모른다. 루브르 박물관의 현상도 이것과 마찬가지다. 소비자는 언제나 관람할 수 있고 살 수 있는 물건에는 가치를 느끼지 못한다. 그것보다도 마음대로 손에 넣을 수 없는 물건에 흥미를 느끼며 소유하고 싶다고 열망한다. 모나리자는 홀연히 자취를 감춘 행동으로 희소가치를 높였고, 그런 행동이 결과적으로 루브르 박물관에 많은 사람들을 모인 원인이 되었다.

💡 비즈니스 스쿨에서도 가르쳐주지 않는 비즈니스 핵심

유대인들은 일상 속에서 다양한 토론을 벌인다. 대부분의 사람들은 경영자 양성 학교에 다니며 마케팅 이론과 방법을 공부하는 것이 성공의 지름길이라고 생각하지만, 토론이야말로 마케팅의 본질에 가까워지는 방법이다. 경영이란 사람을 상대로 벌이는 행동이기 때문에 사람을 이해할 때 가장 좋은 마케팅을 구사할 수 있다.

물건을 팔기 위해서는 사람들이 왜 그런 행동을 하는지, 왜 그 상품과 서비스에 돈을 지불하지에 대해 생각해 보는 사고가 반드시 필요하다. 예를 들어 아프리카에 화장품을 판다고 가정해 보자. 문화도 다르고 피부색도 다른 사람들에게 어떻게 하면 화장품을 팔 수 있을까. 우리나라에서 파는 화장품과 똑같은 제품을 아프리카에서 판다면 아마 잘 팔리지 않을 것이다. 우리가 생각하는 '미'와 아프리카 사람들이 생각하는 '미'가 다르기 때문이다.

사람들이 원하는 제품, 돈을 들여서라도 구매하고 싶은 제품을 제공해야만 이익을 얻을 수 있다. 경영에서 가장 중요한 것은 우선 상대방을 이해한 후 그 사람의 가치관과 문화적 배경까지 이해하는 사고력이다.

💡 플랜을 세울 줄 아는 자가 이긴다

현대사회에서 산업의 기반이 되는 업종 즉 금융, 보험, 할리우드 영화, 정보, 통신, 백화점, 의류와 화장품 브랜드, 귀금속 등은 전부 유대인이 쌓아올린 업적이다.

예를 들어 로스차일드, 델, 이템, 메이시, 시어즈, 랄프 로렌, 캘빈 클라인, 에스티 로더, 디비아이…… 그리고 할리우드 영화는 전부 유대계 자본가로 이루어져 있다. 유대인들은 어떻게 해서 이렇게 광범위한 분야에 성공할 수 있었을까.

가장 큰 이유는, 유대인들은 인간을 이해한다는 점에 있다. 경영에서 가장 중요한 것이 사람에 대한 이해라고 말했는데, 〈구약성서〉를 매일같이 공부하는 유대인들은 인간의 본질을 파악하는 데 뛰어나다. 〈구약성서〉는 인간을 적나라하게 그린 베스트셀러이기 때문이다.

비록 성서는 4천 년 전에 살고 있는 사람들의 본질에 대해 이야기하지만, 그 내용은 지금도 전혀 퇴색되지 않았다. 기술이 아무리 진화하고 사회 구조가 아무리 변화해도 인간의 본질은 변하지 않는다.

경영자 양성 학교에서 배우는 케이스 스터디(구체적인 사례를 중심으로, 집중적으로 연구하는 일―옮긴이)는 20~30년 앞만을 내다보는 공부지만, 성서에서 배우는 인간의 본질은 4천 년 앞 즉 우리가 지금부터 나아가는 모든 미래를 예측하는 비결이 담긴 공부라고 유대인들은 생각한다. 다음 장에서는 유대인이 성서와 〈탈무드〉를 통해 어떠한 방식으로 인간의 본질을 배우는지 알아보자.

Why 그럼 어떻게!

〈구약성서〉를 매일같이 공부하는 유대인들은 인간의 본질을 파악하는 데 뛰어나다. 기술이 아무리 진화하고 사회 구조가 아무리 변화해도 인간의 본질은 변하지 않는다.

당당한 유대인의 조건

유대인을 데리고 이집트를 탈출한 모세는 요단강을 향해 사막을 방랑하던 중 인구조사를 벌였다. 모세는 한 사람당 1세켈의 반인 하프세켈(세켈은 이스라엘의 통화 단위다.)씩 돈을 걷었다. 그러자 나름대로 돈이 모아졌고, 그 돈은 요단강에 신전을 건설하는 자금으로 쓰였다.

Problem

사람들은 왜 돈을 냈을까. 그 이유를 말해 보자.

💡 사람을 움직이는 모금함이 가진 힘

모세가 한 사람당 하프세켈씩 걷은 인구조사에는 '왜?' 라는 의문점이 많이 생긴다. 인구조사를 하는데 왜 돈을 걷어야 했을까? 돈을 내야만 유대인으로 인정해준다는 뜻일까? 왜 하프세켈일까? 돈을 모은 목적은 무엇일까?

학자들은 이 의문에 대해 오랫동안 토론을 벌였다. 돈을 걷은 이유 중에 하나로, 유대인 집단으로서 일체감을 조성하기 위해 돈을 걷었다는 견해가 있다. 고대 유대인들은 이집트를 탈출해 요단강에 정착할 때까지 40년이나 사막을 떠돌아다녔다. 이러한 상황에서는 질서가 흐트러져 집단의 존속에 위기가 생길 위험이 있다. 이 견해는 지역 사회의 일원인 것을 일깨워주기 위해 누구나 낼 수 있는 금액을 지불하게 했다는 의미다.

한편 아주 약간의 금액을 지불함으로써 자기중심적인 사고방식에서 벗어나 개인의 이익보다는 집단의 이익, 공공의 이익을 소중히 여기라는 가르침이다. 실제로는 지불을 거부한 유대인도 있다고 한다. 유대인의 일원이 되기 위해 왜 돈을 내야 하는지 의심하는 사람의 마음을 전혀 이해하지 못하는 것도 아니다.(모금을 거부한 사람은 유대인으로 인정받지 못해 지역 사회에서 추방당했다.)

결과적으로는 신전을 건설할 수 있을 만큼의 돈이 모였다. 지역 사회의 일원으로 인정받고 싶다는 귀속 소망이 사람들의 지갑을 열었을 게 분명하다. 한편 '하프셰켈도 안 낼 정도로 인색한 사람'으로 보이고 싶지 않은 심리도 작용했을 것이다. 이것과 비슷한 습관이 유대인들에게 아직도 남아 있다.

시나고그에 설치된 모금함은 우리나라의 교회와 절의 모금함처럼 외부에 설치되어 있지 않고, 신자만이 알 수 있도록 건물 내부에 설치되어 있다. 마치 지역 사회의 일원으로 인정받고 싶으면 기부하라는 암묵적인 메시지와 같다. 약자를 위해 기부하라고 배운 유대인들은 그 말을 아주 잘 따르고 있다.

엄숙한 기도 중에도 돈을 내기 위해 줄을 서는 행동이 그 증거다. '나는 기부하고 있다.'고 말하지 않는 대신에 찰랑찰랑 소리를 내며 기부를 한다.

💡 말 뒤에 숨은 심리를 찾자

성서는 인간의 본질을 알려주는 가장 좋은 교과서지만, 우리 주변에도 '살아 있는' 교과서가 있다. 가족과 친구, 동료, 선배 그리고 과거부터 현재를 살아가는 모든 사람들이 배움의 대상이다. 사람들을 관찰하고 왜 그런 행동을 했는지 그 이면에 숨은 심리를 꿰뚫고 생각하는 방법으로 인간의 본질을 파악할 수 있다.

예를 들어 루이 비통이나 샤넬 등 고가 브랜드의 가방이나 스위스제 명품 시계(파텍필립, 로렉스) 또는 까르띠에 목걸이나 반지를 사람들은 왜 갖고 싶어 하는지 생각해 보자.

실용성만을 놓고 보면 품질 좋고 가격이 저렴한 다른 제품들도 얼마든지 많이 있다. 품질과 성능이 비슷한 저렴한 제품을 구입하면 되는데, 사람들은 그 몇 십 배 혹은 몇 백 배가 넘는 돈을 아무렇지 않게 지불하며 명품을 구입한다. 사람들은 도대체 무엇 때문에 고액을 지불하는 걸까?

다이아몬드의 원석은 그저 반투명한 돌일 뿐이다. 그러나 유대인이 경영하는 앤트워프 공방에서 세공을 가하면 그 돌은 가치가 몇

만 배 이상 올라가는 보석으로 탈바꿈된다. 돌 자체에 가치가 있을 리 없는데 사람은 왜 큰돈을 지불하면서까지 다이아몬드를 가지고 싶어 할까. 여기서 인간의 본질을 꿰뚫은 사업의 공통점을 엿볼 수 있다.

그 공통점은 무엇일까?

독자들도 꼭 한번 생각해 보길 바란다.

과연 우리나라 기업의 제품 중에도 '품질과 가치는 같지만, 몇 십 배 혹은 몇 백 배의 대가를 지불' 해야 하는 상품이 있을까? 우리나라 기업도 상품의 종류에 박차를 가하고 있다. 자동차 사업을 보면 대중적인 자동차부터 시작해 고급 자동차에 이르기까지 그 종류는 매우 다양하다.

하지만 다이아몬드는 우리나라 자동차와 다르게 인간의 본질을 꿰뚫는 경영이다. 과연 그것은 무엇일까? 사람은 어떤 '일정한 생각'에 다다르면 '대가의 상대성'(비싸고 싸고의 감각)에 대한 판단이 전혀 달라진다. 그 '생각'이란 무엇일까? 그 '생각'을 어떻게 이끌어내면 좋을까?

다음에 소개하는 내용이 그 생각의 힌트가 되어 줄 것이다.

이 이야기는 출애굽기에 나오는 설화다. 과연 모세는 파라오를 어떻게 설득시켰을까? 모세가 가진 비장의 카드는 무엇이었을까? 유대인들은 평생 동안 〈구약성서〉를 백 번 이상 열독한다. 유대인이라면 이 질문에 쉽게 대답을 한다.

우리에게는 전혀 힌트가 되어주지 않을지도 모르지만 꼭 한번 진지하게 생각해 보길 바란다.

여기에서 거론한 예시뿐만 아니라 우리가 일상생활 속에서 만나는 사람들의 행동에 의문을 품고 '왜?'라는 관점으로 관찰하면, 그렇게 행동한 사람들의 심리에 보다 더 가까워질 수 있다.

사람의 심리를 꿰뚫을 때에는 〈Class 7〉에서 설명한 '다른 차원의 관점'이 매우 유용하게 사용된다. 다른 사람의 심리를 파악할 때에는 그 사람의 관점에서 바라보는 시각이 필요하고, 자신의 마음을 객관적으로 파악할 때에는 자신을 다른 차원에서 바라보는 시각이 필요하다. 특히 나와 대립관계에 있는 사람일 경우, 아무리 나의 관점으로 바라보고 생각해도 그 사람의 심리를 절대 파악할 수가 없다. 이럴 때는 관점을 바꿔서 다른 차원으로 생각해야 한다.

상대방을 이해하는 데에 방해가 되는 심리적인 벽을 허물고 새로운 눈으로 상대방을 바라보아야 한다. 예를 들어 돈이 많은 사람과 돈이 없는 사람, 이것은 어쩌면 강자와 약자의 관계일지도 모른다. 유대인들은 약자에게 기부하는 행동을 신앙에 따른 의무라고 생각한다. 〈구약성서〉는 약자에게 기부할 때에도 배려가 필요하다고 말한다.

거기에는 우리가 배워야 할 통찰력에 기초해 배려하는 방법과 기부하는 방법이 자세히 나열되어 있다. 예로 들면 이런 것이다. 약자에게 돈을 베풀 때에는 돈이 필요한 사람뿐만 아니라 그곳에 있는 모든 사람들에게 돈을 베풀어야 한다. 또한 돈을 받을 때도 마찬가지다. 예로 들어 유대인의 결혼식에는 축의금을 받는 곳이 따로 마련되어 있지 않다. 사람들은 피로연 회장의 한구석에 놓인 상자에 축의금을 넣는다. 그리고 어느 누구도 그 상자를 감시하지 않는다.

이 이유를 무엇이라고 생각하는가? 왜 돈을 줄 필요가 없는 사람에게까지 기부를 하라는 걸까? 이렇게 생각하는 사람은 기부를 하는 입장 즉 베푸는 쪽에 서 있는 상태이다. 베푸는 사람은 '좋은 일을 한다.'는 긍지를 가지게 되어 누군가를 돕는다는 우월감에 빠지기 쉽다.

그러나 베풂을 받는 사람은 어떻게 느낄까? 고맙다고 느끼는 반면, 자신의 처지를 비참하게 느끼지는 않을까? 많은 사람들 앞에서 돈을 받으면 자존심이 상할지도 모른다. 베푸는 쪽에서는 이러한 심경을 이해하기 힘들다. 축의금도 이와 똑같이 생각하면 된다. 가난한 사람에게 수치심을 주지 않기 위한 배려다. 그래서 유대인들은 축의금을 강요하지 않는다.

〈구약성서〉가 그곳에 있는 모든 사람들에게 돈을 베풀어야 한다고 말한 이유는 돈을 받는 사람의 비참한 심경을 이해했기 때문이다. 만약 특정 사람에게만 돈을 줄 경우는 돈을 주는 것이 아니라 '빌려준다.'는 태도를 보이라고 충고한다. 돈을 빌리고 빌려주는 관계는 동등한 관계다. 그렇기 때문에 돈을 빌리는 사람은 많은 사람들 앞에서 돈을 받아도 비참함을 느끼지 않는다.

그 대신에 빌려준 돈은 다시 받을 생각을 하지 말고, 설령 빌린 사람이 돈을 돌려줄 때에도 받아서는 안 된다고 〈구약성서〉에서는 가르친다. 유대인의 가르침에는 사람을 비참하게 만들지 말라는 근본이 숨어 있다. 그렇기 때문에 '베풂을 숨겨라.'는 말을 철칙으로 삼는다.

강자에게 존엄이 있듯이 약자에게도 존엄이 있다. 그러나 강자는 자칫하면 약자의 존엄을 보지 못하고 무시할 우려가 있다. 〈구약성서〉가 철저하게 약자의 편에 서는 이유는 유대인이 이집트 노예였기 때문이기도 하고, 하나의 가르침을 주기 위해서이기도 하다. 나와 다른 상황에 처한 누군가의 마음과 심리를 이해하는 일은 그만큼 어렵다.

Why 그럼 어떻게!

'상대방은 분명히 이렇게 느낀다.'는 생각은 단순히 자신의 생각일지도 모른다. 자신의 시각에도 의심을 품고 다른 차원에서 보면 더욱 더 다른 측면이 보인다. 이것이 2차원 관점, 관객의 관점, 더욱더 나아가 신의 관점으로 사물을 보는 좋은 훈련이 된다. 다른 차원의 관점을 자유자재로 구사하면 사람들의 행동과 그 이면에 숨은 심리에 보다 더 가까워질 수 있다.

유대인 걸인과 기독교 걸인의 구걸

중세 시대에 유대인 걸인 두 명이 기독교 왕국인 프랑스에 왔다. 두 걸인은 살기 위해 길거리에서 사람들에게 구걸을 했다. 그들은 거기서 만족하지 않고 어떻게 하면 돈을 많이 모을 수 있을지 생각했고, 어떤 방법을 실천한 끝에 엄청난 재산을 모을 수 있었다.

Problem
이 유대인 걸인들은 어떠한 방법으로 돈을 모았을까?

심리전을 준비하자
많은 사람들이 가던 길을 멈추고 걸인에게 돈을 내어주게 하기 위해서는 어떠한 계획을 세워야 할까?

두 걸인이 나란히 서서 구걸하는 방법으로는 그날의 배고픔만 겨우 달랠 수 있을 정도의 돈밖에 얻지 못할 것이다. 보다 효과적으로 돈을 모으기 위해서는 사람들의 심리를 읽고, 어떻게 하면 사람들을 움직일 수 있는지 생각하는 것이 중요하다. 이 이야기는 '걸인이 돈을 번 방법'이라는 유대인의 설화다.

두 걸인의 작전은 이러했다.

한 사람은 유대교의 상징인 다윗의 별을 놓고, 다른 한 사람은 십자가를 담요 위에 올려놓은 후 길가는 사람들에게 구걸을 하는 방법이다. 당시 프랑스에는 기독교인이 압도적으로 많았기 때문에 대부분의 사람들이 십자가를 놓은 걸인에게 동전을 던졌다. 십자가를 가진 걸인은 돈이 많이 모이면 다윗의 별을 가진 걸인에게 걸어가 다른 사람들이 보지 않게 슬쩍 그 동전을 건넸다.

다윗의 별을 가진 걸인에게는 동전이 산처럼 쌓여 있지만, 십자가를 가진 걸인에게는 동전이 하나도 없다는 상황을 일부러 만든 것이다. 마침 길을 지나가던 기독교 신부가 다윗의 별을 꺼내놓은 걸인에게 돈이 산처럼 쌓여 있는 것과는 달리 십자가를 꺼내놓은 걸인에게는 돈이 하나도 없는 모습을 보고

"당신은 기독교인입니까? 오, 가엾기도 하여라. 기독교의 신부인 내가 유대인 걸인에게 지지 않을 만큼의 돈을 주겠습니다." 하고는 다윗의 별을 가진 걸인보다 몇 배나 많은 동전을 십자가를 가진 걸인에게 주고 갔다.

이러한 행동을 며칠 동안 반복하자 두 걸인은 작은 상점을 시작할 수 있을 만큼 돈을 많이 벌었다고 한다. 기독교인들은 유대교인인 걸인에게 돈을 주었다는 사실을 알지 못했다. 두 명의 걸인은 사람의 심리를 냉정하게 읽고, 사람들이 그들 앞에 돈을 놓을 수밖에 없는

상황을 연출했다. 유대인 걸인의 전략은 통쾌한 승리로 끝이 났다.

 사람을 움직이는 동기에 주목하자

우리는 좋은 제품을 싸게 팔고, 양심적으로 만드는 것이 기업의 올바른 자세라고 생각한다. 이런 사고방식을 가지고 있는 우리에게 있어서 유대인 걸인들이 돈을 번 방법은 정당하지 않게 느껴질지도 모른다. 편안하게 돈을 버는 행동에 죄의식을 느끼며 '공정하지 못하다.', '깨끗한 방법이 아니다.'고 생각하는 사람도 있다.

그렇게 생각하는 사람은, 다른 사람의 심리를 이용해 돈을 버는 유대인의 방법과 사람을 속여서 돈을 버는 방법을 혼동하고 있는 상태다. 우리는 이 두 가지 방법을 전부 '현명하지 못한 방법', '더러운 방법'이라는 말로 한데 묶어서 혐오하고 있지는 않은지 잘 생각해 보아야 한다. 유대인들도 사람을 속여 가며 돈 버는 행위를 엄격하게 금지하고 있다. 바구니 위에는 신선한 과일을 올려놓고 그 아래 안 보이는 곳에는 오래된 과일을 숨겨서 파는 행위는 절대 용서하지 않는다.

또한 천을 파는 가게에서는 줄자의 눈금을 줄여서는 안 되고, 쌀가게에서는 저울의 눈금을 줄여서는 안 된다. 이것들은 모두 모두 〈구약성서〉에 쓰여 있는 내용이다. 이러한 행위는 거짓말과 부당한 방법으로 사람들에게 불이익을 주는 행동으로, 사람의 심리를 꿰뚫는 유대인의 방법과는 전혀 다른 행동이다. 또한 편안하게 돈 버는 일에 죄책감을 느끼는 사람들은 효율적으로 돈을 벌기 위해서는 두뇌를 최대한으로 회전시켜 지혜를 짜내야만 하는 행동이라는 사실을 전혀 모르는 경우가 많다.

'두 명의 걸인' 설화에서도 알 수 있듯이 효과적으로 돈을 벌기 위해서는 사람의 행동과 심리를 관찰하고, 어떻게 하면 사람들을 움직일 수 있을지 계획을 짜야만 한다. 걸인 두 명도 사람의 마음을 움직이는 계획을 스스로 만들어 낸 것이다. 아무것도 생각하지 않고 오래된 방법만을 고수하는 사람과 경쟁이 난립한 시장에서 열심히 일하는 사람은 의미가 다르다.

계획을 세우는 사고법

사람을 움직이는 계획이라고 하면 터무니없이 복잡한 계획을 상상하기 쉽지만, 그렇게 어렵게 생각할 필요는 없다. 예를 들어 세율 측정 방법을 생각해 보자.

대부분의 사람들이 세금을 아깝다고 생각한다. 세금을 내는 사람은 그 돈을 아까워하지 않고, 동시에 사회 전체의 세수를 늘리는 방법은 무엇이 있을까. 이 점에서 유대인의 체다카(기부 관습)의 비율은 좋은 가르침이 된다.

유대교에서는 가난한 사람을 위해서라면 누구나 수입의 10퍼센트를 기부해야 한다고 규정한다. 우리의 발상으로 보면 누진세를 적용해 세율을 최고 50퍼센트 정도까지 끌어올려야 하며, 부유층에게는 더 많은 세금을 걷어야 한다고 생각할지도 모른다.

그러나 유대인들은 그렇게 생각하지 않는다. 가령 누진세를 적용해 부유층에게 50퍼센트 정도의 세금을 걷는다고 하자. 많은 사람들이 그렇게 해도 부유층은 일반 서민에 비해 많은 이익을 챙긴다고 생각할지도 모른다.

그러나 부유층의 시각에서 보면 50퍼센트나 되는 세금을 착취당할 수는 없다는 생각에 종교를 개종하려고 할지도 모른다. 어쩌면 탈세를 선택하는 사람이 나타날 우려도 있다. 결과적으로 부유층에게서 얻는 세금이 줄어들어 사회 전체의 세금도 줄어들 것이다.

그 점에서 수입의 10퍼센트는 많은 사람들이 부담 없이 기부할 수 있는 금액이고, 부유층이 더 많은 돈을 벌어서 수입을 늘린다면 사회 전체의 기부금도 늘어난다. 체타카는 인간의 심리를 잘 파악한 결과물로 사람들이 부담 없이 지속적으로 기부할 수 있게 만든 제도이다.

유대인이 쌓아올린 금융사업도 다이아몬드와 금과 같은 광물사업도 처음은 '어떻게 하면 사람을 움직일 수 있을까.' 라는 발상에서 시작되었다. 그들은 그런 발상을 기점으로 독자적인 계획을 세웠고, 경쟁에 휘말리지 않을 환경을 조성한 후 기술 요령을 블랙박스화해서 계속해서 엄청난 이익을 창출하고 있다.

최근에는 인터넷사업 분야에도 새로운 계획을 만들었다. 스카이프와 구글, 페이스북, 드롭박스, 에버노트 등이 서비스를 무료화해서 소비자를 모은 후 광고수입만으로 수익을 얻는 방식으로 큰 성공을 거두었다. '무료화로 돈을 번다.' 는 모순된 견해로 비즈니스 모델을 만들었고, 그 모순된 견해는 지금까지도 정보통신의 수많은 영역을 발전시키고 있다.

그러나 유대인들이 만든 이 비즈니스 모델은 영국이 재빨리 따라한 비즈니스모델이다. 예로 들어 영국 런던에 있는 대영박물관은 입장료가 무료다. 그래서 이 박물관은 항상 사람들로 붐빈다. 그러나 일단 무료로 박물관에 입장하고 나면 나머지는 전부 돈을 내야만 하는 시스템으로 이루어져 있다.

결국 무료로 입장했음에도 사람들은 여기저기에 돈을 지불한 후 대영박물관을 나온다. 한마디로 말하면 '애써 여기까지 왔는데', '또 언제 다시 올지 모르니까.' 라고 생각하는 사람들의 심리를 잘 이용한 계획이다.

어떠한 계획이라도 사람들은 그 계획을 활용해 돈을 지불하려고 한다. 인간의 본질을 잘 아는 사람들은 과거의 계획을 기반을 새로운 계획을 만들어 간다.

인간을 보다 잘 이해하면 우리도 획기적인 계획을 생각해 낼 수 있다. 누군가가 생각한 계획을 따르는 것이 아니라 우리가 직접 계획을 세워보면 어떨까.

Why 그럼 어떻게!

사람들의 행동을 통해 심리를 파악하고, 어떻게 하면 사람을 움직일 수 있을지를 생각하면 세계를 바꾸는 새로운 계획이 떠오른다.

CLASS 9
철학과 배경을 파악하는 기본

가치관을 확고히 할

필요가 있다

고래잡이를 허용하는 국가의 반론

많은 나라들이 포경을 허용한 나라를 격렬하게 비난한다. 포경 국가는 다른 나라의 비난에 어떻게 반론해야 할까?

① 반(反)포경 국가도 이전에는 고래를 잡은 사실이 있다.
② 반포경 국가도 캥거루나 사슴을 죽여 고기로 먹고 있다. 그것과 포경의 차이점이 무엇인가.
③ 멸종 위기에 처하지 않은 고래만을 잡기 때문에 환경보호의 관점에서 보면 아무런 문제가 되지 않는다.
④ 고래는 포경 국가의 하나의 식문화다. 그렇게 때문에 포경은 반드시 필요하다.
⑤ 반포경 국가는 자신들의 종교적 가치관으로 다른 나라의 행동을 판단하고 있다.
⑥ ①부터 ⑥의 대답은 모두 정당한 반론이 되지 못한다.(그러면 당신은 뭐라고 반론할 것인가.)

왜 논점에서 벗어난 주장을 하는 것일까

세계를 대상으로 토론을 벌일 때, 국가와 국가 간의 논점이 어긋나 있는 느낌이 들 때가 가끔 있다. 대표적인 포경 허용 국가인 일본을 예로 들어 이야기해 보자. 일본은 조사포경(연구를 목적으로 한 고래잡이—옮긴이)을 목적으로 남극해에서 포경을 활동을 펼친다. 그러나 그들의 행동은 환경보호단체인 씨 셰퍼드에게 끈질긴 방해 공작을 받거나, 국제포경조약에 위반되는 행동으로 오스트레일리아에 제소(일본 측 패소)당하는 등 반포경 국가들의 좁은 포위망을 빠져나가지 못하고 있다.

'왜 그렇게까지 포경을 반대하는 걸까?' 하고 일본인들은 생각할 것이다. 자신들이 비난당하는 이유를 모르기 때문에 일본은 논점에서 벗어난 주장민을 펼칠 때가 많다. 한 일본인의 발론을 예로 들어 보자.

"고래나 돌고래를 먹는 것과 소와 양을 먹는 것의 차이점은 무엇일까."

"고래나 돌고래는 식용이 아니라 관상용이라고 말하는데, 그럼 개를 먹는 나라는 어떻게 해야 되는 걸까."

"캥거루나 사슴을 먹는 나라는 왜 비난하지 않느냐!"

다시 말하겠지만 위의 반론은 모두 논점에서 벗어난 주장이다. 서양 사람들에게 이러한 반론은 '초등학생 이하의 수준'으로밖에 보이지 않는다. 예로 들면 과속 위반으로 잡힌 사람이 "내 앞에 가던 자동차가 더 빨리 달렸는데 왜 나만 잡는 거예요?" 하고 경찰에게 항의하는 행동과 똑같다. 이러한 반론으로는 신호 위반 딱지를 끊으려는 경찰의 생각을 바꿀 수 없다.

'다른 사람도 똑같이 했으니까.' 라는 반론은 자신의 정당성을 주장하는 데 전혀 효과가 없는 행동이다.

문제의 진짜 논점이란

포경 허용 국가가 반포경 국가를 상대로 포경문제에 대해 토론을 벌일 때에는, 왜 그들이 포경을 반대하는지 그 철학적 배경을 알아야 한다. 철학적 배경을 알면 더 이상 논점에서 벗어난 반론을 펼치지 않게 된다.

많은 서양국가가 반포경 국가가 된 배경에는 〈구약성서〉의 철학이 숨어 있다. 기독교와 이슬람교의 중심인 〈구약성서〉는 유대인뿐만 아니라 서양과 이슬람 사회에서도 큰 가르침으로 존재하고 있으며, 많은 사람들의 마음에 교훈을 남기고 있다.

기독교의 성서 중 하나인 〈구약성서〉의 주된 사상이라고 할 수 있는 것이 '동물을 학대하지 말라.' 는 동물중시 사상이다. 천지가 창조될 때 동물은 인간보다 먼저 만들어졌다. 동물이 인간보다 중시되어야 한다는 가르침이 깊게 깔려 있는 것이다. 유대교에서는 인간이 먹어도 되는 동물은 집에서 기르는 소와 염소 그리고 양밖에 없다고 말한다. '코셔' 에서 규정하고 있는 도축방법이 절대적인 조건으로,

짧은 순간이나마 가축이 고통을 받고 도축되었다면 그 가축은 절대로 먹으면 안 된다.

즉 인간이 먹기 위해 잔인한 방법으로 동물을 죽이는 행동을 금지한다는 뜻이다.

이슬람교의 할랄(이슬람교도인 무슬림이 먹고 쓸 수 있는 제품—옮긴이)도 마찬가지다. 가축에게 고통을 주는 총, 전기, 물 등은 도축 도구로 엄격하게 금지하고 있다. 또한 할랄에서는 작살과 창으로 찔러 죽이는 방법도 금지하고 있다. 이것이 서양 국가들이 반포경 국가가 된 철학적 배경이다. 포경 국가들은 우선 반포경 국가들의 이러한 철학적 배경을 이해해야 한다.

고래를 잡는 방법은 다음과 같다. 작은 배로 고래를 몰은 다음 작살로 고래 등을 찌른다. 하시만 고래의 몸은 아주 거대하기 때문에 작살 한 번으로 쉽게 죽지 않는다.

그래서 여러 번 작살을 내리 찍는 방법으로 아주 고통스럽게 고래를 죽인다. 많은 반포경 국가들이 문제시하고 있는 점은 고래나 돌고래를 포획하는 행위가 아니라 잔인하게 죽이는 살해 방식에 있다. 포경의 잔혹성이 이 문제의 진짜 논점이다. 이러한 논점을 알아야 포경 국가들은 반포경 국가를 상대로 그럴싸한 반론을 펼칠 수 있다.

앞에서 들은 예 ①부터 ⑥까지의 반론은 모두 논점에서 벗어나 있다. ③에서 주장한 '멸종 위기에 처하지 않은 고래만을 잡기 때문에 환경보호의 관점에서 보면 아무런 문제가 되지 않는다.'는 주장은 언뜻 보면 정당하게 들릴지도 모르지만 진짜 논점은 되지 못한다. 포경국가가 내세워야 하는 반론은, 포경의 잔혹성에 대한 자신들의 정당성을 논리정연하게 펼치는 주장이다.

나만의 가치관을 찾는 비결

성서의 사상을 내세우며 포경 국가를 비판하는 나라들에게, 일신교의 사상을 일방적으로 밀어붙이는 행동이라며 거부감을 느낄 수도 있다. 세계 3대 일신교인 기독교, 이슬람교, 유대교가 주장하는 정의와 도덕만이 절대적으로 정당하다고 생각하지 않는 사람들도 있다.

당신의 정의는 무엇입니까?

당신의 가치관이란 도대체 무엇입니까?

이렇게 물었을 때, 유대인과 당당하게 논쟁을 펼칠 사람이 과연 얼마나 될까. 유대인에게는 〈구약성서〉의 가르침이 절대적인 정의이고, 수천 년 동안 벌인 토론 내용을 집대성한 〈탈무드〉는 흔들림 없는 가치기준이 된다. 우리에게는 종교에 기초한 절대적인 가치기준이 존재하지 않는다. 우리에게도 불교를 비롯해 많은 종교가 있지만, 어느 것도 절대적인 가치기준이 되어 주지 못한다.

절대적인 가치기준이 없으면 우리의 위치도 불투명해진다. 우리는 일신교가 쌓아올린 절대적인 정의로 논리를 무장한 사람들과 맞겨룰 수가 없다. 이것은 바꿔 말하면, 종교가 없는 사람들일수록 더욱 더 확실한 반론을 가지고 토론에 맞서야 한다는 의미다.

Why 그럼 어떻게!

사물의 본질적인 가치에 가까워지는 길은 '왜?'라는 의문으로 생각하며 토론을 벌이는 습관밖에 없다.

고대 유대인의 이혼은 어떻게 성립됐나?

고대 유대인들은 이혼이 성립되는 조건을 이렇게 정의했다.
'종이에 쓴 이혼장을 남편이 아내에게 건네면 이혼이 성립된다.'

Problem 1

남편이 아내에게 이혼장을 작성했다고 말만 해도 이혼이 성립될까. "오늘부터 나에겐 너를 부양할 의무는 없어!" 하고 아내에게 선언할 수 있을까.

💡 무엇을 위한 토론인지를 생각하자

이혼장을 작성하고, 아내에게 작성했다고 말만 했을 뿐 실제로 이혼장을 주지는 않았다. 하지만 이혼 의사만은 확실하게 밝혔다. 이 상황에서 이혼은 성립될까? '이혼장을 아내에게 건네야 한다.'는 조건을 만족해야만 이혼이 성립된다. 따라서 의사를 밝히는 것만으로는 이혼이 성립되지 않는다. 즉 이 단계에서는 아직 남편에게 아내를 부양할 의무가 있다. 그러면 다음의 경우는 어떨까? 직접 생각해 보길 바란다.

Problem 2

이혼장을 작성해서 글씨가 쓰여 있는 부분만 찢어 아내에게 건넸다. 이 경우 이혼은 성립될까?

현실에서는 글씨가 쓰인 부분만을 찢어서 아내에게 주는 모습은 상상할 수 없지만, 〈탈무드〉는 이 상황에 대해서도 진지하게 토론을 벌였다.

글씨가 어떻게 찢어졌는가에 따라서 대답이 변한다는 것이 다수의 의견이다. 만약 찢어진 종이가 너덜너덜해져서 글씨를 확인할 수 없다면 이혼장은 제 역할을 다하지 못한다. 따라서 이혼은 성립되지 않는다.

Problem 3

이혼장을 작성해서 "이게 이혼장이야. 자, 받아." 하고 아내에게 내밀었지만, 남편은 종이 끝부분을 붙잡은 채 놓지 않았다. 아내도 종이 반대편을 잡아당기고 있다. 이럴 때 이혼은 언제 성립될까?

〈탈무드〉에는 '이혼장을 확실하게 빼앗지 않은 아내에게 잘못이 있으니까, 이 시점에서 이혼이 성립되어야 한다.'는 의견도 있다.

그러나 이혼이 성립되기 위한 '이혼장을 건넨다.'는 상황은 무엇을 말하는 걸까. '남편이 이혼장에서 완전히 손을 떼었을 때 이혼이 성립된다.'는 것이 다수의 의견이다.

Problem 4

이혼장의 양끝에 실을 묶어서 "갖고 싶으면 가져."라고 말하며 한쪽 끝을 아내에게 내밀었다. 남편과 아내는 양쪽에서 실을 잡아당기고 있다. 이럴 때 이혼은 언제 성립될까?

〈Problem 3〉과 마찬가지로 '이혼장을 건넨다.'란 어떤 상황을 말하는 것인지 생각해 보자. 〈탈무드〉에서는 '남편이 실을 잘랐을 때 이혼이 성립된다.'는 것이 다수의 의견이다. 이야기가 무엇을 밝히는 토론인지 대부분의 독자들도 이미 눈치 챘을 것이다. 이 토론은 이혼 성립에 대한 정의를 내리고 있다.

'이혼장이 아내의 손에 들어와야 비로소 이혼이 성립된다.'

이 정의를 이끌어내기 위해 약간은 억지스럽기도 한 토론을 계속해서 벌인 것이다. 바꿔 말하면 논점에 입각한 억지 토론이다. 그럼 이혼 성립의 정의에 배경이 되는 철학은 무엇일까. 이혼을 증명하는 이혼장이 아내의 손에 들어오면 아내는 이튿날부터 자유롭게 재혼할 수가 있다. 반면에 "오늘부터 이혼이야!"라고 말만 할 뿐 아내의 손에 이혼장을 쥐어주지 않으면 아내의 인생은 다음 단계로 나아가지 못한다.

　이 정의의 근본은 여성 보호라는 철학에 있다. 이혼 이튿날부터 여성의 자유를 보증해 주는 이혼장의 모습에 대해 토론을 벌인 것이다. 이 배경을 보지 못하면 토론이 옆길로 빠지거나 논점에서 벗어난 주장을 펼친다. 우리나라 사람들은 '유대인들은 저런 억지가 뭐가 그렇게 재미있을까?' 하고 생각할지도 모른다. 그러나 그런 생각은 크나큰 착각이다.

　이 이혼장 이야기는 우선 근본적인 철학을 세운 후, 그 철학을 실천하기 위해 우리가 상상할 수 있는 모든 일을 예로 들면서 어떻게 대응해야 할지 토론을 벌이고 있다. 유대인들은 어렸을 때부터 이러한 토론에 익숙해져 있으며, 철학적 배경이 무엇인지 생각하는 훈련을 한다. 그렇기 때문에 짧은 시간 내에 논점을 잘 파악할 수 있다.

　다음 장에서 또 하나의 〈탈무드〉를 소개하겠다. 철학적 배경을 의식하면서 읽어보기를 바란다.

Why 그럼 어떻게!

유대인들은 우선 근본적인 철학을 세운 후, 그 철학을 실천하기 위해 우리가 상상할 수 있는 모든 일을 예로 들면서 어떻게 대응해야 할지 토론을 벌인다.

소와 당나귀 (1)

토라의 가르침에는 이러한 내용이 있다.

'소와 당나귀를 동시에 한 멍에에 메워서 쟁기를 끌게 할 수는 없다.'

Problem

그 이유는 무엇일까? 이유를 말해 보자.

💡 **철학의 배경이 무엇인지 생각해라**

왜 소와 당나귀를 한 멍에에 묶어서 농지를 경작하지 말라는 걸까. 〈탈무드〉에서는 억지라고밖에 생각되지 않는 토론이 많이 있다. 예를 들면 이런 질문이다.

소와 당나귀를 한 멍에에 묶을 수 없다면 늙은 소와 젊은 소는 어떨까? 다리가 짧은 소와 긴 소는 어떨까? 눈이 보이지 않은 당나귀와 귀가 들리지 않는 당나귀도 한 멍에에 묶으면 안 될까?

즉 꼭 소와 당나귀가 아니라도, 같은 종(種)이지만 힘이 다른 가축을 한 멍에에 묶으면 발이 맞지 않아 소와 당나귀를 묶었을 때와 똑같이 농지를 경작할 수 없게 된다는 의미다. 이렇게 되면 한 멍에에 묶인 두 가축 모두 금방 지쳐버리게 된다. 특히 작고 힘이 약한 가축에게는 과도한 힘이 가해져 그만큼 고통도 커진다.

그러면 여기서 이런 질문을 할 수 있다.

"그럼 소와 금붕어는 한 멍에에 메워도 될까?"

얼토당토 않는 질문에 우리는 "뭐? 금붕어는 물밖에 나오면 금방 죽잖아!" 하고 분명 당황해할 것이다. 그러나 여기서 사고를 정지시키면 안 된다. 금붕어를 가지고 와서 무엇을 어떻게 하려는 걸까. 이렇게 생각해 보자. 소와 당나귀를 한 멍에에 묶으면 힘이 약한 당나귀는 힘이 센 소에게 끌려 다니느라 고통을 받게 된다.

'한 멍에에 메우면 안 된다.'는 가르침의 근본은 약자 보호에 있다. 사회에는 힘이 강한 사람이 있는가 하면 반대로 힘이 약한 사람도 있다. 걸음이 빠른 사람이 있는가 하면 걸음이 느린 사람도 있다. 각각 다른 능력과 다른 체력을 소유한 사람들이 공존하기 위해서는 약자에게 악영향이 미치지 않도록 모든 것을 약자에게 맞춰야 한다는 견해가 약자 보호 사고다.

그러면 소와 금붕어를 한 멍에에 메우면 어떻게 될까. 소와 당나귀를 한 멍에에 메울 경우 당나귀는 고통을 느끼는 선에서 끝날지도 모르지만, 금붕어는 물 없이 살 수가 없다. 소와 금붕어를 한 멍에에 메우면 금붕어는 금방 죽어버릴 것이다. 우리는 이 주제를 '약자를 죽이는 논리'라며 그냥 넘겨버릴 것인가.

표면적인 이해로는 생각을 전하지 못한다

사실관계에 의거해 올바른 의견을 말했는데도 불구하고 상대방은 받아들이지 못하거나 토론이 어긋나는 경우가 종종 있다. 이러한 이유는 전부 논점에서 벗어난 의견을 말했기 때문이다.

주장이 논점에서 벗어났을 경우, 이런 주장을 아무리 강조해도 상대방을 설득시킬 수 없고, 심한 경우에는 아무도 자신의 의견을 상대를 해주지 않는다.

논점이 무엇인지 파악한 후, 그 논점에 대해 주장하고 반론해야 비로소 대등한 토론이 이루어진다. 논점을 파악한다는 뜻은 '저 주장의 배경에는 어떤 철학이 있을까.' 하고 생각해 보는 자세를 말한다.

어떠한 주장에도 근본이 되는 사상과 철학이 존재한다. 상대방이 이 문제에서 가장 중시하고 있는 것이 무엇인지를 알아야 한다. 그 중요점이 주장 뒤에 숨은 철학이다. 예를 들어 세계는 위안부 제도를 놓고 일본에게 맹비난을 쏟아내고 있다.

그러나 일본은 논점에서 벗어난 주장만을 펼친다. 논점을 제대로 파악하지 못했기 때문이다.

'일본군이 위안부가 된 여성들을 강제로 연행한 증거도 사실도 없다. 그렇기 때문에 일본의 위안부제도는 나쁘지 않다.'고 일본 정부는 주장한다. 이러한 정부의 발언은 '강제였는지, 강제가 아니었는지'에만 중점을 두고 있는 태도에서 비롯된다.

과연 이 문제의 논점은 '위안부 문제의 본질이 무엇인지? 강제가 아니라면 위안부 제도는 정당화될 수 있는지?'에 있다.

그러나 위안부 제도는 절대 정당화될 수 없다. 왜일까?

세계는 이 문제의 어떤 점을 의문시하고 있을까? 그 배경이 되는 철학은 무엇일까?

이렇게 생각하면 위안부 문제의 진짜 논점이 무엇인지 찾을 수 있다. 세계가 문제로 삼고 있는 점은 강제였는지 강제가 아니었는지가 아니다.

위안부 제도의 진짜 논점은 여성의 인권문제에 있기 때문이다.

 진짜 메시지를 알려면

뉴스와 최근에 일어난 일에 대해서도 '그 배경에는 어떤 철학이 있는지' 생각하는 습관으로 논점을 파악하는 힘을 키울 수 있다. 세계적으로 큰 흥행을 거둔 디즈니 만화영화 『겨울왕국(원제 Frozen)』을 예로 들어 말해보자.

주인공이 부른 노래인 'Let It Go'를 흥얼거려도 좋지만, 이 영화가 주는 메시지가 무엇인지에 대해서 토론을 벌여보면 어떨까. 할리우드가 만든 영화 속에는 항상 어떠한 메시지가 숨어 있다.

앞에서도 말했듯이 할리우드 영화는 유대인이 쌓아올린 일대 산업 중 하나다. 지금은 유대인의 홍보기관이 할리우드 영화를 담당하고 있다. 할리우드 영화에는 유대인이 생각하는 미래를 엿볼 수 있다.

할리우드가 전 세계를 향해 던지는 메시지란 도대체 무엇일까. 『겨울왕국』에 담겨져 있는 메시지는 무엇일까? 여기에서 『겨울왕국』이 어떤 메시지를 담고 있는지 설명해 주겠다.

유대인이 이 영화에서 가장 감동한 장면은, 여동생인 안나가 자신의 목숨을 희생하면서까지 언니인 엘사를 구하려고 한 마지막 부분이다. 안나는 엘사를 내리치는 칼을 막기 위해 자신의 몸을 얼음덩어리로 만든다. 그리고 얼었던 안나의 몸이 녹았을 때 엘사는 이렇게 말한다.

"날 위해서 네 자신을 희생한 거야?(You sacrifice for myself.)"

그러자 안나는 이렇게 대답한다.

"언니를 사랑하니까.(Because I love you.)"

이 '사랑(Love)'이란 우리가 일반적으로 생각하는 사랑이 아니다. 자신을 희생하면서까지 언니를 구한 헌신이 가족 간의 진짜 사랑이다. 이것이 유대인이 할리우드 영화를 통해 전 세계에 던지는 메시지이고, 형제자매 간의 사랑의 존엄성을 알려주기 위해 만든 영화다.

또한 잃는 것 없이 얻는 것도 없다는 유대인의 철학이 담겨 있다. 『겨울왕국』에서 잃는 것이란 자기 자신이고, 얻는 것이란 엘사의 목숨 즉 언니다. 이 가족애가 유대인이 말하는 무조건적인 사랑(Preferential love)으로, 우리가 생각하는 무차별적인 사랑(Universal love)과는 다르다.

무조건적인 사랑과 무차별적인 사랑을 구별하는 모습은 언니인 엘사가 아직 어린 안나에게 말하는 장면에서 볼 수 있다. 『겨울왕국』을 본 관람자라면 그 장면이 어느 부분인지 알 것이다.

모든 일은 항상 메시지를 담고 있다. 그리고 그 배경에는 철학이 있다.

철학의 배경을 알기 위해서는 일상에서 '왜?'라는 의문을 가지고 토론하는 습관이 필요하다.

뉴스와 일상생활에서 일어나는 여러 가지 일에 대해서도 표면적인 이해로 끝내지 말고 '여기에도 어떤 메시지가 숨어 있을 것이다. 그 메시지는 뭘까?' 하고 깊이 생각해 보자. 이렇게 깊이 사고하는 자세로 그 메시지가 담고 있는 철학적인 배경을 파악할 수 있다.

Why 그럼 어떻게!

모든 일은 항상 메시지를 담고 있다. 그리고 그 배경에는 철학이 있다. 이러한 철학의 배경을 알기 위해서는 일상에서 '왜?'라는 의문을 가지고 토론하는 습관이 필요하다.

소와 당나귀 (2)

'소와 당나귀를 동시에 한 멍에에 메워서 쟁기를 끌게 할 수는 없다.'

이 이야기의 철학적 배경 중의 하나가 약자 보호라는 것은 앞에서도 이야기했다. 걸음이 느린 사람과 빠른 사람이 있을 경우, 걸음이 느린 사람에게 맞춰서 걸어야 한다는 이야기다. 그러나 이러한 주장에도 반론이 있다. '걸음이 느린 당나귀에게 맞추다 보면 효율성이 떨어진다. 역시 힘이 센 소에게 맞춰야 하는 게 아닐까?'

Problem

약자 보호의 입장에서 이런 생각에 대해 어떻게 다시 반론할 수 있을까.

💡 가치관을 뒷받침할 수 있는 논리를 세워라

당나귀에게 맞추면 효율과 생산성이 떨어지지만, 반대로 소에게 맞추면 소가 빠른 속도로 밭을 경작해 주기 때문에 작물도 많이 키울 수 있다. 소에게 맞추는 편이 당나귀에게도 좋지 않을까 하는 반론이다. 독자들도 이 토론 주제를 많이 들어봤을 것이다.

그렇다. 대기업을 우선시하는 경제정책 즉 '강자의 논리'다. 단적인 예로, 대기업의 이익이 늘어나면 사회 전체인 경제도 활성화된다는 이론이다. 하지만 우리는 '약자 보호'의 태도에서 다시 반론해야만 한다. 어떠한 논리로 반론할 수 있을까.

이 반론은 '약자에게 맞춘다.'는 태도의 정당성을 어떠한 논리로 펼치는가가 핵심이다.

하나의 예로 이러한 논리를 생각할 수 있다. 세상에는 강자와 약자가 있다. 백수의 왕 사자가 있으면 작고 약한 쥐도 있다. 만약 강자인 사자에게 이 세상을 맞추기 위해 약자인 쥐를 전부 죽여 비렸다고 하자. 그러면 먹이사슬이 무너져 결국 사자도 죽게 된다. 물론 약자를 돌보지 않으면 약자도 죽게 된다.

강자와 약자가 공존하는 사회 즉 전체적으로 조화로운 사회가 강자에게 있어서도 살기 좋은 사회이지 않을까. 유대교에서는 강자와 약자가 있을 때 반드시 약자에게 맞추라고 가르친다. 신은 모든 사람을 평등하게 만들지 않았다. 신이 왜 강자와 약자를 만들었는지 생각하다 보면, 신이 바라는 세상은 강자와 약자가 공존하는 사회였다는 사실에 다다르게 된다.

앞에서도 이야기했듯이 유대인은 신의 뜻을 이해하기 위해 매일 토론을 벌인다. 토론을 벌인 결과 '약자 보호'라는 깨달음을 얻었고, 그 깨달음을 실천하기 위해 유대인들은 일상에서 확고하게 약자를 보고하고 있다.

"약자를 옹호하다가 국력이 약해지면 경제가 정체되지 않을까?"라고 물으면

"그래도 상관없어. 신은 약자가 살 수 없는 사회는 바라지 않았으니까." 하고 유대인들은 대답한다.

이렇게까지 명확하고 확고한 가치관을 가진 유대인들을 상대하기 위해서는 우리도 강력한 논리로 대응하는 방법밖에 없다.

💡 논리적인 사고로 일관된 가치관을 형성하자

종교에 따른 명확한 가치기준이 없는 우리도 감각적으로는 무엇이 정당하고 무엇이 부당한지는 느끼고 있다. 많은 사람들이 대기업의 이익을 좇느라 중소기업의 이익을 착취하는 사회를 부당하게 느끼고 불만을 품고 있다. 그러나 '그러면 효율과 생산성은 어떻게 해야 할까?', '약자만을 보호해도 세상과의 경쟁에서 이길 수 있을까?'라고 발론하면 우리는 모두 입을 닫아버린다.

우리는 자신의 태도와 정당성을 논리정연하게 설명하지 못하는 사람들이기 때문이다. 우선은 우리의 주장을 뒷받침할 수 있는 가치관과 철학을 확고히 다져야 한다. 그런 다음에 그 가치관과 철학을 어떠한 논리로 설명해야 할지 생각해 볼 필요가 있다.

어떻게 하면 유대인의 주장에 반론할 수 있을까?

포경문제를 예로 들어 생각해 보자.

서양 국가들이 포경을 반대하는 배경에는 〈구약성서〉의 가르침이 있다. 성서의 가르침에 근거해 '포경의 잔혹성에 반발' 하는 의견이 생겨났다. 고래잡이에 오랜 전통이 있는 포경 허용 국가들이 반포경 국가를 설득하는 유일한 방법은 '잔혹성' 이란 논점에 대해 자신들의 정당성을 주장하는 태도다.

고통을 주면서까지 고래 등을 작살로 찔러 죽이는 방법이 잔인하다고 비판한다면, 죽이는 방법을 바꾸는 하나의 해결책을 생각할 수 있다. 예를 들어 '주사를 사용해 안락사 시킨다.' 고 반론하면 반포경 국가도 더 이상은 아무 말하지 않을 것이다. 그러면 죽이는 방법을 바꾸지 않고 반론하는 방법은 없을까?

포경 허용 국가들이 포경을 하는 것은 정당한 행위이다, 고래를 죽이는 방법에는 잘못이 없다고 반포경 국가에게 정면으로 주장하는 방법은 없을까. 방법은 있다. 현실적인지 아닌지는 일단 제쳐 놓고, 반론하는 방법은 충분히 있다.

내 나름의 대답은 이렇다. 서양 사회의 정신문화에 크게 기여한 〈구약성서〉의 철학과 권위에 정면으로 도전하는 방법이다. 포경 행위의 정당성을 뒷받침할 수 있는 사상체계를 세워 반포경 국가가 입각하는 사상체계에 대항하는 것이다.

즉 일신교 사상에 뒤떨어지지 않을 정도로 강하고 흔들림 없는 사상체계로 반론하는 방법밖에 없다. 서양에서 자주 말하듯이 '종교를 이기는 방법은 종교로 반론하는 방법' 밖에 없기 때문이다.

그렇게 때문에 이론은 아래와 같다.

사람이 먹기 위해서는 아무리 잔혹한 방법이라도 야생동물을 죽이는 행위를 허용해야 한다. 왜냐하면 우리나라의 종교에는 식용을 위해서라면 동물학대도 허용한다고 명기되어 있기 때문이다. 가령 포경 허용 국가의 종교가 불교라면, 석가모니는 식용을 위해서는 동물을 죽여도 좋다고 말했을지도 모른다. 만약 그렇다면 석가모니의 가르침을 주장하면 된다. 그러나 주장만으로는 아직 부족하다.

갑자기 만든 주장이 아니라는 것을 증명해야 한다. 종교학자나 서양의 불교연구자들을 총동원해 동물 학대 허용이 불경의 어느 부분에 어떤 식으로 쓰여 있는지, 그리고 그것이 〈구약성서〉의 동물 학대 금지 사상을 어떤 식으로 초월하고 있는지 방대한 자료와 함께 제시해야 한다.

유대교는 과거 4천 년 동안 벌인 토론으로 쌓아올린 종교체계다. 그런 체계에 대항할 수 있는 이론을 세우면 설득력 있는 반론이 가능해진다. 과거에 이와 같은 방법으로 절대적인 권위에 반론한 인물이 있었다. 바로 영국의 왕 헨리 8세다. 로마 교황은 헨리 8세의 결혼을 인정하지 않았다. 결국 헨리 8세는 영국 교회의 권한은 국왕에게 있음을 선포하는 새로운 제도인 '수장령(Act of Supremacy)'을 만들어 로마 법국의 권위에 의연하게 맞섰다.

수장령이라는 새로운 종교 체제를 수립하기 위해 많은 〈구약성서〉의 법학자와 종교가가 학술적인 증거를 제시했다고 한다. 꼭 이렇게까지 해서 정당성을 주장해야 하는지 생각하는 사람도 있을 것이다. 그리고 누구도 헨리 8세처럼 하지는 못할 것이다.

그럼 여기에 '정당성을 논리적으로 주장'하는 또 하나의 방법을 소개하겠다.

우리는 자신이 옳다고 생각하는 것과 상대방이 옳다고 생각하는 것이 반드시 같다고 착각한다. 이것이 우리나라 사람들의 나쁜 버릇이며 약점이다. 그러나 이러한 착각은 우리의 사고에서 배제시켜야 할 가장 큰 문제점이다. 특히 가치관과 문화적 배경이 다른 사람에게는 우리가 생각하는 정당성을 조리 있게 설명하는 노력이 필요하다.

Why 그럼 어떻게!

무엇이 옳고 무엇이 틀린지는 시대와 상황에 따라 변한다. 옛날에는 선이었던 것이 지금은 악이 되기도 하고, 그 반대가 되기도 한다. 변화하는 환경 속에서 '자신의 정당성'을 주변 사람들에게 이해시키기 위해서는 조리 있는 논리만이 필요하다.

성스러운 송아지는 어느 쪽일까?

토라에서는 '소가 처음 낳는 송아지는 신의 자손(성스러운 자)으로, 신에게 받쳐야 한다.'고 규정한다.

Problem

위에서 소개한 전제로 다음의 경우를 생각해 보자. 족제비가 임신한 암소의 뱃속에 머리를 집어넣고 입으로 태아를 꺼냈다. 그리고 그 태아를 다른 암소의 몸속에 넣었다면, 이 암소에게서 태어난 송아지를 성스러운 송아지라고 할 수 있을까?

💡 추상화된 생각이란

이 이야기는 족제비가 암소에게서 꺼낸 태아가 맨 처음으로 태어난 송아지인지 아니면 다른 암소의 뱃속에 집어넣었다가 태어난 송아지가 맨 처음으로 태어난 송아지인지에 대한 토론이다. 현실에서는 이러한 일이 절대 일어나지 않을 테지만, 이 이야기에 대해서도 유대인들은 진지하게 토론을 벌였다.

'〈탈무드〉는 이상한 주제를 가지고 토론을 벌인다.'고 생각하며 토론을 끝내려고 하면 절대 안 된다. 꼭 생각해야만 하는 이유는, 이러한 터무니없는 토론도 우리에게 무언가를 가르쳐주고 있기 때문이다. 이 이야기는 '출생이란 무엇인가.'라는 문제를 다루고 있다.

즉 자연의 힘이 아닌 인위적인 과정을 거쳐서 태어난 아이라도 '성스러운 자'라고 할 수 있을지를 묻는 토론이다. 유대인들은 지금도 이 문제에 대해 열띤 토론을 벌이고 있다. 유대인은 개종한 사람을 제외하면, 유대인 엄마에게서 태어난 아이만이 유대인이 된다. 그렇기 때문에 인공수정과 대리모 문제는 항상 심각한 주제로 다뤄진다.

그중에서도 특히 대리모 문제는 가장 어려운 토론 주제다. 난자를 제공한 여성이 친모다, 아니다, 대리 출산한 여성이 친모다. 이런 의견이 대립되고 있다. '유대인의 난자'에서 태어나야 유대인인지, 아니면 '유대인의 자궁'에서 태어나야 유대인인지를 묻는 질문이다. 만약 '유대인의 자궁'에서 태어난 아이가 유대인이라면 난자는 다른 종교의 교인이라도 상관없다는 뜻이 된다.

유전적인 환경을 중시한다면, 다른 교인이 난자를 제공하고 임신과 분만은 유대교인이 제공했다면 그 아이는 다른 교인의 난자를 통해 생긴 태아니까 유대인이 될 수 없을 것이다. 유대교의 유산인 〈탈무드〉는 문제 설정을 전부 수수께끼(Riddle)와 비유(Metaphor)로 구성하고 있다.

수수께끼란 난문기문(難問奇問)을 말한다. 이해하기 쉽게 말하자면 어렵고 기묘한 질문이라는 뜻이다. 게다가 그 기문은 전부 비유로 되어 있어서 문자만 보고 말하면 엉뚱한 대답이 되어버린다. 예로 들어 〈구약성서〉에는 '눈에는 눈, 이에는 이'라는 말이 있다.(신명기 19장 21절, 출애굽기 21장 24절, 레위기 24장 21절.)

이 말은 무슨 뜻일까? 눈과 이가 무엇을 비유하는지 모르면 '눈이 뽑힌 그 사람에게 가 똑같이 눈을 뽑아야 하고, 이가 부러진 사람은 그 사람에게 가 똑같이 이를 부러트려야 한다.'는 의미로, 보복을 해도 좋다는 뜻으로밖에 들리지 않는다. 그러나 이러한 생각은 〈구약성서〉에 대한 모욕이다. 눈과 입은 모두 비유된 표현으로 처음에 쓰인 눈은 자신이 받은 피해이고, 두 번째에 쓰인 눈은 금전배상의 정도를 말한다. 처음에 쓰인 이는 자신이 받은 또 다른 피해이고, 두 번째에 쓰인 이는 그 피해에 맞는 금전배상의 금액을 말한다.

즉 남에게 피해를 입힌 사람은 금전으로 피해 정도에 맞는 배상을 해야 한다는 유대교의 법률이다. 소의 태아를 꺼낸 족제비의 이야기는 '임신 몇 주까지 태아의 인공 유산을 허용해야 할까.'라는 주제로 지금까지도 토론이 이어지고 있다.

〈Class 4〉에서도 이야기했듯이 유대교에서는 40일까지는 태아를 모체의 일부로 보고 있지만 그 이후부터는 태아를 하나의 인간으로 생각한다. 그렇기 때문에 40일 이후에는 인공 유산을 금지해야 한다는 설이 가장 유력하다. 이 정의의 토대는 '수정란은 언제부터 태아(인간)가 될까. 수정 순간부터일까, 착상될 때부터일까, 세포분열이 시작될 때부터일까, 뇌와 손발이 형성될 때부터일까.'라는 근본적인 문제에 있다.

족제비가 암소의 뱃속에서 꺼낸 태아와 다른 암소의 뱃속에 넣었다가 출산한 태아 중에 과연 누가 성스러운 송아지가 될까? 이 이야기에서 알 수 있는 것은 생각과 토론을 통해서만 사물의 본질과 논리를 얻을 수 있고, 그 본질과 논리가 시대를 초월한 보편적인 가치 기준이 되어 미래를 예측하는 힘과 과학 진보로 이어진다는 점이다.

사물의 본질과 원리를 찾자

마지막으로 '모든 것을 토론의 대상으로 삼자.'의 중요한에 대해서 다시 한 번 강조하겠다.

상식에 의문을 품고, 권위에 의문을 품으며, 우리 눈에 보이는 것과 감정에까지 의문을 품고 '왜?' 하고 질문하자. 모든 일에 제재받지 않는 자유롭고 발전적인 토론을 통해서만 사물의 본질과 원리를 파악할 수 있다. 모든 일에 대해 토론을 벌이는 습관이 삶의 지혜로 이어진다.

사물의 본질과 원리를 파악하는 방법에는 모든 일에 '원래 이런 것일까?' 의문을 품고 토론을 벌이는 자세가 유용하다.

예로 들어 '정의란 무엇일까?'에 대해서 진지하게 토론을 벌이는 방법이 있다. 뉴욕 맨해튼에 하버드 클럽이 있다. 그곳에서는 정기적으로 성서 공부모임이 열리고, 나도 가끔 그 모임에 참가한다. 하버드 클럽에 모인 사람들은 모두 성서의 한 구절을 가지고 토론을 벌인다.

그중에 이런 토론이 있다.

기독교에서는 내가 당하고 싶지 않은 일은 남에게도 해서는 안 된다고 가르친다. 이것이 절대적인 논리이고 황금법칙이다. 예를 들면 "나는 칼에 찔려 죽고 싶지 않아. 그래서 다른 사람을 칼로 찔러 죽이지 않을 거야."라는 논리다. 그 논리에 유대인인 나는 "정말 그렇게 생각합니까? 그것은 인간사회에 공통하는 절대적인 논리 기준입니까?" 하고 토론을 부추겼다. 살해당하고 싶지 않은 사람은 남을 살해해서는 안 된다면, 자기방어를 위한 살해는 어떻게 받아들여야 할까? 자신이 살해당하고 싶지 않다면 아무리 자기방어를 위한 살해라도 그 행동을 용서하지 말아야 한다. 그러면 복수는 어떨까?

어느 사람이 아이를 죽였다고 하자. 아이의 부모가 그 사람에게 복수하는 건 어떨까? 법이라는 이름 아래 범인을 체포해 사형을 집행하는 일은 허용해야 할까? 또한 유대인인 나는 이런 질문도 했다.

"황금법칙을 역으로 생각해도 절대적인 논리가 될까요? 내가 받고 싶은 것을 다른 사람에게 해도 될까요?"

예를 들어 처음 보는 사람과 악수 대신에 포옹을 받고 싶은 사람은 누구에게나 너 나 없이 인사 대신에 포옹을 해도 될까? 암에 걸리면 안락사하고 싶다고 생각하는 의사는 암에 걸린 환자를 안락사

시켜도 될까?

또한 민주주의의 정의가 정말 다수결일까? 전쟁에서 사람을 죽인 사람은 용서해도 될까? 동물은 종에 상관없이 교배를 시켜도 될까? 그리고 그렇게 태어난 동물들은 종에 상관없이 생존할 수 있을까?

이러한 토론을 벌여야만 한다. '고대 유대인의 이혼장'의 이야기로 다시 돌아가 보자.

이혼을 무엇으로 증명할 수 있을까. 이혼 의사만 전해도 이혼이 성립될까, 아니면 이혼장이라는 종이를 아내에게 건네야만 이혼이 성립될까.

이러한 토론이 조금은 억지스럽게 질행될 때도 있지만, 디지털시대가 되어 종이를 사용하지 않게 된 지금도 〈탈무드〉에서는 '고대 유대인의 이혼장'에 대해 토론을 벌이고 있다. 그리고 그 토론 내용이 '무엇을 가지고 증명할 것인가.'라는 개발의 원리로 사용된 예는 많이 있다.

종이에서 디지털로 바뀌자 지금까지 종이가 했던 역할(본인 소유를 인정해 주는 증명)을 아이디와 패스워드가 부담하였다. 본인만 아는 암호를 사용해 본인의 존재를 확인하는 전자증명으로 발전했다.

그러나 아이디와 패스워드가 해킹당했다면 무엇으로 자신을 증명할 것인가? 이러한 생각으로 개발된 것이 보안 질문(Security Question)이다. 본인만 알고 있는 질문과 대답으로 본인을 확인하는 기능이다.

'어머니 성함', '애완동물 이름'이 자주 이용되는 질문이다.

이것도 잊어버리면 어떻게 할까? 이 생각에서 개발된 것이 본인 명의의 휴대전화로 인증번호를 보내고 그것을 30분 이내에 컴퓨터 화면에서 입력하는 방법이다. 이렇게 하루하루 변화하는 디지털 사회에서 미래를 예측하는 비결은, 시대에 따라 변하지 않는 사물의 본질과 원리를 철저하게 파악하는 사고력에서 얻을 수 있다.

상식에 사로잡히지 않고, 자신이 본 것만을 믿지 않으며, 그 시대의 현실 가능한 일만을 좇지 않는, 모든 제재와 규제에서 자신을 해방시키는 사고로 토론을 벌이자. 토론이 분명 미래를 개척하는 열쇠가 되어줄 것이다.

Why 그럼 어떻게!

상식에 의문을 품고, 권위에 의문을 품으며, 우리 눈에 보이는 것과 감정에까지 의문을 품고 '왜?' 하고 질문해야 한다. 모든 일에 제재 받지 않는 자유롭고 발전적인 토론을 통해서만 사물의 본질과 원리를 파악할 수 있다. 모든 일에 대해 토론을 벌이는 습관이 삶의 지혜로 이어진다.

마치며

우리는 왜 아이폰을 만들지 못했을까

　지금 우리 사회는 체제만을 따르는 공기로 가득 차 있다. 그러나 우리나라를 제외한 전 세계는 남과 같음이 아닌 다름으로 자신의 존재를 드러낸다. 다름을 주장하는 행동이 세계의 상식이 되었다.

　예를 들어 우리에게도 일찍이 아이폰(iPhone)과 비슷한 상품이 있었다. 그것은 터치로 된 전자수첩으로 일정관리, 주소록, 메모 등 모든 기능이 터치방식으로 탑재된 상품이다. 터치 전자수첩에 전화 기능만 더하면 지금의 아이폰과 똑같은 모습이 된다.

　이러한 터치 전자수첩은 아이폰이 생기기 훨씬 이전에 만들어졌다. 그러나 어떠한 이유에서인지 전자수첩은 세상에서 모습을 감췄고, 지금은 아이폰이 세계의 주를 이루고 있다. 우리는 그 이유에 대해서 꼭 생각해 보아야 한다. 왜 전자수첩이 사라지고 아이폰이 세계를 석권하게 되었을까. 그 이유는 개발자와 기업이 우리 사회의 공기를 너무 민감하게 받아들였기 때문은 아닐까. 터치 전자수첩이 처음 나왔을 때 '이 기능은 별로다.', '이 기능도 필요 없다.', '사용하기 불편하다.' 등등 다양한 의견이 나왔을 것이다.

　개발자는 이런 의견에 너무 신경 쓴 나머지 무릎을 꿇었을지도 모른다. 근본적인 문제와 사회적 금기, 하지 말아야 할 말을 굳이 하는 행동과 웬만해서는 토론을 벌이지 않는 풍토가 우리 사회에 한계를 만들었고, 결국 이러한 한계점이

전자수첩을 아이폰으로 발전시키지 못했던 이유일지도 모른다.

　스티브 잡스는 그곳의 분위기를 전혀 읽지 않았다. 그는 우주의 저편의 공기를 읽고 아이폰을 개발했다. 우리가 공기에 흔들리는 민족이라는 사실을 보여주는 사례를 하나 소개하겠다.

　어느 TV 방송이 특집 프로그램으로 청각이 불편한 작곡가를 소개한 적이 있다. 방송이 나가자마자 그 작곡가가 만든 곡은 국민적 찬가가 되었고, 많은 사람들이 그의 음반을 구입했다. 그러나 얼마 후 그의 곡은 전부 대리 작곡가의 손에서 탄생했다는 사실이 판명되었다. '대리 작곡'이라는 기사가 나오자마자 그의 음반 매출은 현저하게 떨어졌고, 결국 매장에서 그의 CD는 자취를 감췄다.

　우리는 그 곡에 감동한 걸까, 아니면 청각이 불편한 작곡가가 만든 곡이라는 사실에 감동한 걸까. 만약 후자라면 그곳의 공기에 지배되었다는 뜻을 의미한다. 곡의 진가가 아니라 그때의 공기에 좌우된 전형적인 예다. 곡 자체의 진가에 감동했다면 누가 작곡을 했든지 그 음반은 잘 팔렸을 것이다.

　지구가 태양 주변을 돈다는 지동설, 신이 만물을 창조했다는 주장에 도전한 다윈, 우주는 빅뱅의 폭발에 의해 탄생했고 지금도 빅뱅은 팽창하고 있다는 논리를 내세운 스티븐 호킹, 이들은 그곳의 공기를 읽지 않은 사람들이다. 그곳의 공기 즉 그 시대와 세상의 상식에 도전해 세계를 뒤집은 예다.

　우리와 우리 사회가 그곳의 분위기를 읽는 동안에 우리는 주가에만 일희일비(一喜一悲)하는 나라가 될것이다. 우리와 우리나라가 계속해서 분위기만을 살핀다면 우리 사회는 더욱더 타락할 것이다.

　사람이 원숭이에서 진화했다는 사실은 실험실에서 재현할 수 있을까? 아마 재현할 수 없을 것이다. 그러면 다윈의 진화론은 과학이 아닌 걸까? 그곳의 공기는 때때로 과학의 부정으로 이어지기도 한다. 권력이 무서워서 하고 싶은 말을 제대로 하지 못했다. 이러한 상태가 그곳의 공기를 읽고 있다는 의미다.

공기를 읽는 사회에서는 혁신적인 기술과 생각이 나오지 못한다.
그곳의 공기를 읽는다는 것은 정체를 의미한다.
그곳의 공기를 읽는다는 것은 다수에게 복종한다는 의미다.
그곳의 공기를 읽는다는 것은 아무것도 창조하지 않겠다는 의미다.
그곳의 공기를 읽는다는 것은 위험성을 간과하겠다는 의미다.
그곳 즉 장소란 현재 상태를 말한다. 게다가 자신에게 놓인 좁은 현재 상태를 뜻한다. 이렇게 좁은 세상을 읽는 사람들로 가득 찬 사회가 발전하지 않는 것은 어쩌면 당연한 일일지도 모른다.

저자
이시즈미 간지

옮긴이의 말

토론과 끈기의 차이

　세계적으로 유대인이 뛰어난 두뇌를 자랑한다는 사실은 누구나 알고 있을 것이다. 유대인들의 이런 뛰어난 두뇌는 선천적인 것이 아니라 후천적인 노력의 결과다. 우리나라 사람들도 세계에서 뒤처지지 않을 정도의 두뇌를 자랑한다. 그리고 우리도 어쩌면 선천적이 아니라 후천적인 노력으로 뛰어난 두뇌를 가졌을지도 모른다.

　그러나 우리나라 사람들과 유대인들의 후천적인 노력에는 차이가 있다. 우리나라 사람들은 '끈기'로 뛰어난 두뇌를 만들었다면, 유대인들은 '토론하는 습관'으로 뛰어난 두뇌를 만들었다.

　우리는 어렸을 때부터 주입식 교육에 익숙해져 있다. 그리고 철저하게 다수결의 원리를 따른다. 이렇듯 우리의 사고에는 특색이 없다고 말할 수 있다. 그러나 유대인들은 다르다. 유대인들은 어렸을 때부터 가정과 학교에서 토론을 벌여왔다.

　당연하다고 여겨지는 상식과 오래전부터 굳어져 내려오는 관습에까지 의문을 품고 토론을 벌인다. 유대인들의 이러한 토론 습관은 우리나라에서 절대 찾아볼 수 없는 진풍경이다. 우리는 가정에서든 학교에서든 '왜?'라는 질문을 귀찮게 생각한다. 게다가 우리 자신도 주입식 교육에 익숙해진 나머지 '왜?'라는 질문을 거의 하지 않는다.

　우리는 '토론'보다 '끈기'를 중요하게 생각한다. '한 우물을 파야 성공

한다.'는 말이 있을 정도다. 물론 끈기도 살아가는 데 있어서 필요한 기술 중의 하나다. 그러나 끈기만으로는 부족하다. 세상은 급변하고 있다. 현대는 한 가지 일만을 잘하는 사람보다 모든 일에 뛰어난 인재를 요구한다.

이러한 세상에 발맞춰 나가기 위해서는 끈기를 가지고 한 가지 일에 몰두하는 것보다 모든 일에 획기적인 생각을 떠올리는 사고력이 필요하다. 획기적인 사고력은 모두 토론에서 비롯된다. 유대인들이 세계의 많은 부분에서 성공을 거둘 수 있었던 비결도 모두 토론을 벌이는 습관에 있다.

세계 명문 학교들은 모두 주입식 수업이 아닌 토론식 수업을 실행하고 있다. 토론이 사고력을 키우는 중요한 교육 방법이라는 것을 보여주는 예다. 이 책에서는 유대인들의 토론 습관을 통해 사고력을 키우는 방법을 알려준다. 그리고 사고력이 우리의 생활에 얼마나 중요한 작용을 하는지에 대해서도 이야기한다. 유대인들은 가정과 학교 그리고 일상에서 아주 작은 일에 대해서까지 토론을 벌인다 이러한 습관이 유대인들을 세계 최고의 인재로 이끌었는지도 모른다. 우리도 이 책과 함께라면 유대인과 같은 사고력을 키울 수 있다.

'늦었다고 생각할 때가 가장 빠르다.'

사고력을 키우고 변화시키기에는 이미 늦었다고 생각하는 사람이 있을지도 모른다. 그러나 사고력은 학습의 능력뿐만 아니라 직장 능력과 사업 능력 등 사회생활에서도 아주 중요하게 작용한다.

사고력을 키우면 지금까지 아무도 생각하지 못했던 획기적인 상품을 개발할 수도 있다. 물론 사고력은 아이들에게도 큰 영향을 미친다. 가정에서도 끊임없이 자녀의 사고력을 키워주려고 노력해 보자. 그러면 우리나라에서도 노벨상 수상자가 나올지도 모른다. 세상에 이끌리지 않고, 주도적으로 세상을 이끌어가기 위해 우리 모두 유대인식 사고력을 키워보자.